一天一问奇趣小百科

恒星是怎样形成的？

[英]莫莉·奥德菲尔德 著　英国快乐瓢虫出版公司 绘　洪宇 译

GUANGXI NORMAL UNIVERSITY PRESS
广西师范大学出版社
·桂林·

YITIAN YI WEN QIQU XIAO BAIKE　HENGXING SHI ZENYANG XINGCHENG DE ?
一天一问奇趣小百科　恒星是怎样形成的？

出版统筹：汤文辉　　责任编辑：宋婷婷　　美术编辑：刘淑媛
品牌总监：李茂军　　特约编辑：刘　岩　　特约设计：王　倩
选题策划：李茂军　　版权联络：郭晓晨　　营销编辑：李倩雯
　　　　　戚　浩　　　　　　　张立飞　　　　　　　赵　迪
责任技编：郭　鹏

著作权合同登记号桂图登字：20-2022-222 号

图书在版编目（CIP）数据

一天一问奇趣小百科．恒星是怎样形成的？/（英）莫莉·奥德菲尔德著；英国快乐瓢虫出版公司绘；洪宇译．--桂林：广西师范大学出版社，2022.12（2023.3 重印）
书名原文：Everything Under The Sun
ISBN 978-7-5598-5469-8

Ⅰ．①一… Ⅱ．①莫… ②英… ③洪… Ⅲ．①科学知识—少儿读物 Ⅳ．①Z228.1

中国版本图书馆 CIP 数据核字（2022）第 184767 号

广西师范大学出版社出版发行
（广西桂林市五里店路 9 号　邮政编码：541004
网址：http://www.bbtpress.com）
出版人：黄轩庄
全国新华书店经销
北京博海升彩色印刷有限公司印刷
（北京市通州区中关村科技园通州园金桥科技产业基地环宇路 6 号　邮政编码：100076）
开本：965 mm × 1 194 mm　1/16
印张：4.25　　字数：80 千字
2022 年 12 月第 1 版　　2023 年 3 月第 2 次印刷
定价：168.00 元（全 4 册）
如发现印装质量问题，影响阅读，请与出版社发行部门联系调换。

作者序

这是一本美丽的书，它源自我的个人播客网站。作为一名儿童科普作家，我在这个网站上设立了一个问答栏目，世界各地的小读者们都可以在这里留下他们的问题。我每周会挑选3个问题，在请教相关专家后进行解答。

每天早上，我都会满怀期待地去看看，孩子们又给我出了什么难题。他们的问题真是包罗万象：

虎鲸和蓝鲸能聊天吗？

长颈鹿真的不能发声吗？

最大的恐龙是哪种？

海洋里有多少塑料？

人类的第一批艺术家生活在什么时候？

哇，这真是一种有趣的开启全天美好生活的方式！

后来，某一天，我忽然想到可以编一本书，分享我思考和答疑的乐趣。于是，这本书就这样诞生了！它回答了来自孩子们的366个问题，每天1个，就连闰日那天都没有落下。

这本书是对大千世界的礼赞，而且它的意义远不止于此！

我与艺术史专家探讨人类为什么要创造艺术，艺术又不能吃；我与厨艺大师讨论为什么人感冒了味觉就会发生变化；我与环保活动家讨论树木为什么那么重要……

这本书的字里行间充满了孩子们的好奇与妙想，我希望你能喜欢它。我还希望，那些天天被孩子们的奇怪问题轰炸的祖辈、父母和叔叔阿姨，能从这本书中获得一些帮助——它不仅能回答孩子们的问题，也能满足成年人的些许好奇心。

想让好奇心引领你进入美丽的新世界，就从翻开本书的这一刻开始吧！

爱你们的

莫莉

一月

二 月

三 月

1 虎鲸和蓝鲸能聊天吗?

虎鲸虽然名字里带个“鲸”字，却不是鲸鱼，它们和海豚属于同一类。几百年前，水手们看到这种黑白相间的海兽攻击鲸鱼，就给海兽起了个“鲸鱼杀手”的名字。随着时间的推移，这个名字被叫反了，成了“杀手鲸”。现在，有人称它们为“逆戟鲸”，但更多的人称它们为“虎鲸”。

像海豚一样，虎鲸也会用哨声和呼叫声进行交谈。而蓝鲸的叫声就像嘹亮而低沉的吟唱，可以在水下传出几十千米。虎鲸和蓝鲸的叫声听起来差别极大，所以，它们很可能无法交谈，就像你和一只小羊没法交谈一样。

你知道吗？

虎鲸和蓝鲸广泛分布在世界各地的海洋中，它们的每个群体都有自己的语言，这就好比不同国家和地区的人有各自的语言一样。在迁徙途中，一头蓝鲸有可能会在冰岛附近遇到一群虎鲸，这群虎鲸说着一种语言；后来可能又在南极附近的海洋中遇到另一群虎鲸，而那群虎鲸说着另外一种完全不同的语言！

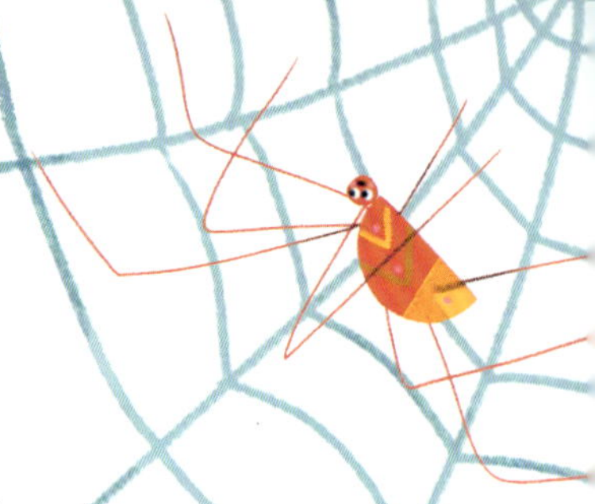

2

为什么有的蜘蛛喜欢往排水管里爬？

在英国，有一首传统歌谣，是这样唱的："小蜘蛛喜欢往排水管里爬。雨越下越大，把它冲走了。等到太阳出来晒干大地，倔强的小蜘蛛又开始继续努力！"这首歌谣里唱的，是那种喜欢生活在房子里的蜘蛛。当天气开始变冷，或是要下雨的时候，它们就会到处寻找温暖又干燥的地方。偶尔，你可能会在浴缸里发现蜘蛛，但它们真的不是从排水管里钻出来的。它们只是倒霉地掉进浴缸里爬不出来了，因为浴室的墙壁、天花板和浴缸都很滑呀！

你知道吗？

有时，雌蜘蛛会在房子里产卵，一次就能孵化出大约60只小蜘蛛。不过，它们通常更喜欢在户外的砖缝或石块间产卵。

3

蜘蛛能发出声音吗？

蜘蛛总是悄悄地活动，但有些蜘蛛确实能发出声音，比如咝咝声、咕噜声和嗡嗡声，只是声音太小，我们听不到罢了。蜘蛛通过摩擦身体上又硬又密的毛来发出这些声音。在森林里，为了吸引雌性狼蛛，雄性狼蛛会用一种特殊的方式"唱歌"——用自己身体的一部分敲击地上的落叶，发出一种窸窸窣窣声。蜘蛛没有耳朵，但是，它们能通过毛茸茸的腿来感知声波的轻微振动。

4

为什么吃大蒜会有口臭，吃苹果或面条却没有口臭？

大蒜里富含一种叫作硫化物的化学物质。当你吃下大蒜后，这种化学物质就会进入你的血液。它虽然对你的血液循环有好处，但对你的鼻子就没那么友好了！因为硫化物一般都有难闻的气味。硫化物随着血液流遍你的全身。当它到达你的肺部后，会随着你的呼吸排到空气中，被你的鼻子闻到。别想靠刷牙除去这种味道，因为这种刺鼻的化学物质是在你的血液里，而不是嘴里。吃苹果或面条就不会有口臭，是因为它们不像大蒜那样含有难闻的硫化物。

5

最早的恐龙出现在哪里？

（和英国伦敦自然历史博物馆古生物学家
大卫·巴顿博士一起回答）

目前我们所知道的最早的几种恐龙，大多生活在南半球（赤道把地球平均分成两部分，赤道以南的部分就叫南半球）。它们当中包括约 2.3 亿年前生活在阿根廷的始盗龙、大约同时期生活在巴西和津巴布韦的农神龙，以及约 2.43 亿年前生活在坦桑尼亚的尼亚萨龙。不过科学家对尼亚萨龙的恐龙身份还存在一些争议。

6

最小的恐龙是哪种？

一些科学家在琥珀中发现了一块很小的恐龙头骨化石，这是一种像鸟一样的恐龙，整只可能只有 2 克重——和一只蜂鸟体重差不多。他们认为，这可能是世上最小的恐龙，但另一些科学家并不赞同。目前已知的最小的恐龙叫小盗龙，它们只有鸽子那么大，以小型哺乳动物、昆虫、鸟类和鱼类为食；帝龙是最小的暴龙超科恐龙之一，它们比霸王龙早出现 6 000 万年，个头和一只狼狗差不多！

7

最大的恐龙是哪种？

（和英国伦敦自然历史博物馆古生物学家
保罗·巴雷特教授一起回答）

关于哪种恐龙是最大的恐龙，古生物学家一直争论不休。不过，有几种恐龙最有希望夺得冠军头衔。头号种子选手是阿根廷龙。一头成年阿根廷龙体重可能超过 70 吨，这相当于 12 头成年雄性非洲象的总体重！紧随其后的是普尔塔龙和巴塔哥巨龙，古生物学家认为这两种巨无霸恐龙的体重差不多——至少都有 60 吨！

8

世界上有多少种生物?

（和英国动物学家尼克·克伦普顿一起回答）

这很难统计，因为科学家们总在不断发现新的生物，但他们估计，世界上可能有 1 000 万到 1 亿种生物。

你知道吗？

小朋友，你可以试一试，就算只是数一数你家附近草地上所有的昆虫，恐怕也是数不完的！地球上至少有 300 万种昆虫，但我们只发现了大约 100 万种。也许有一天，你也会成为发现新物种的科学家！

9

狒狒的屁股上为什么没有毛?

因为狒狒的屁股上覆盖着一层特殊的皮肤，不仅没有毛，还非常结实，就像坐垫似的。这样，狒狒就可以在树上或岩石上舒服地坐着，甚至可以坐着睡觉。

10

为什么巨人柱仙人掌有“手臂”？

巨人柱仙人掌长得非常非常慢，通常在 70 岁到 100 岁之间开始长出“手臂”，也就是分枝。它们中有的能长出 19～25 个分枝，有的 1 个也长不出来。巨人柱仙人掌长出分枝，可能是为了开更多的花，这样，就能繁衍出更多的后代。它们的花只在晚上开放，闻起来像甜瓜一样香。

11
耳朵里怎么会有耳屎？

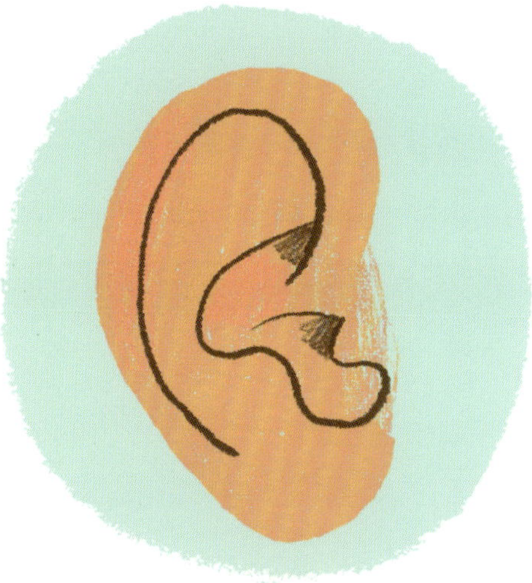

我们的外耳道里，分布着一种被称为“耵聍腺”的小东西，耳屎就是它们制造的。有的耳屎是干干的，有的耳屎是油油的。耳屎虽然看上去有点儿脏，但可以保护外耳道，防止它们受到伤害。大部分耳屎会自己掉出来。记住，千万不要自己掏耳朵，要请爸爸妈妈或专业的医生帮忙！

12
为什么雨天会有很多蜗牛跑出来？

（和英国伦敦自然历史博物馆高级策展人乔纳森·艾伯特一起回答）

蜗牛爬行的时候，会在身体下面分泌黏液，起到润滑的作用。分泌黏液会消耗体内大量的水分，而雨天空气潮湿，这时出来活动可以保持身体湿润，节约体内水分。当天气炎热干燥时，蜗牛通常会缩进壳里保持身体湿润。有些蜗牛还会用黏液封住壳的开口处，这样，它们就不会被晒干了。

13
小孩子是怎么长大的？

小孩子就像植物一样，需要水、食物、新鲜空气和适宜的温度才能长大。此外，小孩子还需要许许多多拥抱和欢乐！在我们的身体里，有一种叫激素的化学物质，它能向我们的肌肉、骨骼、关节、心脏、肺等器官传递信息，促使我们的身体不断生长。

14 为什么青蛙喜欢待在睡莲叶上？

青蛙通常生活在水边，那里有许多昆虫可以吃。睡莲生长在水中，它们的叶子是青蛙休息的好地方。水产生的浮力使睡莲的叶子漂浮在水面上，小小的青蛙即使坐在上面，也不会把叶片压沉。而且，青蛙和叶片都是绿色的，真是既舒服又安全。青蛙可以安稳地坐上好几个小时，直到突然跳起来抓虫子吃。

15 青蛙能在水下待多久？

青蛙小的时候，也就是蝌蚪时期，一直待在水下，因为它们有鳃，可以在水下呼吸。但是当蝌蚪变成青蛙后，鳃就消失了。不过，大多数青蛙都有一种神奇的本领，就是可以通过皮肤呼吸。这样它们就能在水下待很长时间。

你知道吗？

的的喀喀湖池蟾的皮肤松弛而下垂，有很多褶皱，这能帮助它们从水中呼吸到更多氧气。凭借这身神奇的皮肤，它们在水下想待多久都可以，甚至可以待上一辈子！

16 世界上一共有多少人?

目前，全世界大约有 78 亿人。世界总人口数量一直在上升。1804 年大约有 10 亿，1927 年大约有 20 亿，1974 年大约有 40 亿。到 2100 年，世界人口数量可能会达到 110 亿。

17 世界上女孩多还是男孩多?

全世界每年出生的男孩会比女孩略微多一些。大概每 100 个女孩出生，就会有 105 个男孩出生。

这是为什么呢? 有一种观点是，在人类历史上，男孩在成长过程中不得不面对更多危险，比如狩猎和战争，这就造成了很多男孩的寿命无法像女孩的一样长。所以，为了保证群体中有足够多的成年男性，人类就进化成了生男孩的概率高一些。尽管科学家们不能断定这种观点是否正确，但它确实是一种比较流行的观点。

18

美洲豹和豹有什么区别？

美洲豹和豹生活在不同的大陆上。美洲豹通常生活在中美洲和南美洲，而豹的分布范围更广，除了中东和非洲，在中国、俄罗斯和印度的部分地区也都能发现它们矫健的身影。美洲豹和豹看起来很相似，不过也有一些窍门可以区分它们：美洲豹的肌肉更发达，头部更宽，下巴更大；而豹在爬树时更敏捷，尾巴更长，这更有助于它们保持身体平衡。

你知道吗？

豹能通过咬住猎物的喉咙或嘴巴来猎杀它们。美洲豹更凶猛，能咬穿猎物的头骨或背部！

19

斑马的叫声是怎样的？

有时，斑马会嚎叫，听起来就像大嗓门的狗在狂吠。有时，它们先是像驴子一样低声嘶叫，最后却像猪一样尖叫！雄性斑马在追求雌性斑马或生气时都会大叫。斑马还会像马一样，用鼻子和嘴唇吹气，发出一串串响鼻声。

你知道吗？

试着放松嘴唇，用力吹气，让嘴唇振动起来。怎么样，有没有听到自己发出独特的声音？这就是“打响鼻”。

20

为什么老虎身上有条纹？

老虎身上的条纹其实是一种保护色，这让它们在捕猎时，不容易被其他动物发现。这些条纹模糊了老虎身体的轮廓，使它们在穿过草地丛林时，仿佛与植物交融在了一起。这种伪装在老虎喜欢外出捕猎的凉爽夜里，特别是有月光时，尤其有用。神奇的是，如果一只老虎被剃掉毛，它的皮肤上一样有条纹！

你知道吗？

每只老虎身上的条纹就像指纹一样独一无二，没有哪两只老虎的条纹图案是完全相同的。

21

豹身上的斑点从不变化吗？

其实，豹身上的斑点是会变的。在幼豹成长为成年豹的过程中，它们身上的斑点会变成一种更成熟的图案。这种图案被称为“玫瑰纹”，因为它看起来有点儿像玫瑰花。

你知道吗？

1952年，一位叫艾伦·图灵的数学家提出了一个数学公式，来解释不同动物身上的斑点、条纹和旋涡纹是如何形成的。但幼豹身上的斑点是怎么变成成年豹身上的图案的，对于这个问题，他也没办法给出准确的答案。

22

头发是由什么组成的?

头发是由一种叫角蛋白的东西组成的，角蛋白在皮肤下的毛囊里诞生，在那里生长。它们一旦钻出毛囊，就不再生长了。头发会持续变长，是因为新头发总是不断地从头皮上的各个毛囊里长出来。头发里没有神经，所以，你理发的时候不会感觉到疼痛。一般情况下，每根头发可以在头上生长 7 年左右。我们每人平均每天都会掉 50 ~ 100 根头发，但同时新头发也会长出来，所以，我们通常不会注意到掉落的头发。就算偶尔注意到，也不用太担心。

23

我的头发要生长多久才能像长发公主的头发一样长?

（和英国发型师里诺 · 卡布斯艾若一起回答）

我们的头发平均每个月能长 1 厘米。假设长发公主的头发有 21 米长（这样，头发才能从高高的城堡窗子上垂下来），那么你要花 175 年才能拥有和长发公主一样长的头发！有趣的是，曾经有一名中国女性用 35 年的时间，把头发留到了 5.627 米长！她的头发长度多次被列入《吉尼斯世界纪录大全》。现在，她的头发可能更长了！

24

自行车是如何动起来的?

（由美国作家玛丽娜·波波娃回答）

世界上第一辆自行车是法国人西弗拉克在18世纪末发明的。最早的自行车没有脚踏板等传动装置，骑车人得用脚向后蹬地前行。后来，很多人都开始对这个有趣的发明进行改进：有人增加了脚踏板和链条，把力量传递到后轮上；有人装上了充气橡胶轮胎，让它骑起来不再那么颠簸；有人加装了变速齿轮，这样能骑得更快……今天，你可以舒服地坐在三角座上，轻松地踩着脚踏板，沿着街道优雅前行。

25

颜料是用什么做的？

（和英国儿童艺术旅行策划人
伊莎贝尔·兰姆一起回答）

我们身边有很多不同种类的颜料。你可能在美术馆里看到过它们，也可能在家中或学校里用它们画过画。

随着时间的推移，颜料的成分发生了很大变化。现在，大多数颜料是由色素和黏合剂（用来延缓颜料的干燥速度，里面的含胶量越大，干燥速度越慢）制成的。黏合剂的种类有很多，包括用于制作油画颜料的亚麻籽胶、用于制作水彩颜料的阿拉伯胶、用于制作丙烯酸颜料的丙烯酸树脂，还有一种恐怕是你想不到的，那就是鸡蛋，用于制作古老的蛋彩画颜料。

你知道吗？

阿拉伯胶是一种金合欢树的树脂，主要产地是非洲国家苏丹；顾名思义，亚麻籽胶来自亚麻的种子；名字怪怪的丙烯酸树脂是一种化工产品；不要怀疑，用于制作蛋彩画颜料的鸡蛋就是我们吃的鸡蛋。

你知道吗？

现在，有些颜料已经不再使用了，比如泰尔紫，据说它是用骨螺制成的！人们曾经以为那种叫龙血的颜料真的是用龙和大象的血混合制造的，但它实际上只用了龙血树的树脂。木乃伊棕是用碾碎的埃及木乃伊粉末制成的。舍勒绿是用有毒的矿物砷制成的，它可能跟拿破仑的死有关，因为这位法国皇帝的卧室墙纸是用舍勒绿涂的！

26

颜料是怎么做出来的?

（和英国珠宝商人皮帕·史莫一起回答）

制造颜料的方法之一是挖掘彩色矿石，然后把它们磨碎。一个很好的例子就是青金石。它的颜色就像夏季的夜空那么蓝，有的还夹杂着精致的金色条纹。中亚国家阿富汗是世界上最古老的青金石产地之一，阿富汗人开采青金石已有数千年的历史了。著名的“埃及艳后”克娄巴特拉七世就用青金石颜料做眼影。在文艺复兴时期，青金石颜料还成为达·芬奇等著名画家眼中最珍贵的颜料之一。

27
吃奶酪真的会让人做噩梦吗?

许多西方人都相信睡觉前吃奶酪会做噩梦。于是，英国奶酪协会决定做个实验，以确定这到底是不是真的。他们邀请了 200 个人吃奶酪，然后安排这些人去睡觉。结果，大部分人说他们没做噩梦。不过，实验结果显示，吃不同类型的奶酪似乎真的会让人做不同类型的梦。比如，吃斯提尔顿奶酪的人做了奇怪的梦，吃切达奶酪的人梦见了名人，吃兰开夏奶酪的人梦见了工作，而吃柴郡奶酪的人根本就不记得他们做了什么梦!

28
脚趾有什么用?

脚趾能帮助我们走路。当你向前迈步的时候，一般是脚跟先着地，这部分是脚上最坚硬的地方。然后是脚掌着地，脚掌由很多肌肉组成，能帮助你抬起脚跟，把你的身体向前推。最终，身体的重量会落到脚趾上，而脚趾还会继续推动你向前迈出下一步。

29
我们为什么要长脚指甲?

脚指甲可以保护我们的脚趾。它们就像铠甲一样，能保护脚趾上的血管、肌肉和神经的安全!

30 太阳系中最大的行星是哪颗?

是木星！大约在 46 亿年前，太阳系开始形成。最先形成的是太阳，然后是行星，木星是行星里的“老大哥”。它的个头非常大，比它的 7 个行星“弟弟”加起来还要大！

31 木星上的风暴存在多久了?

如果运气够好，你可以在夜空中看到木星。它就像其他行星一样，靠反射太阳的光来发亮。不过，我们的眼睛看不到木星上的大红斑，也就是那个巨大的风暴。

人类对大红斑进行持续的观测是从 1830 年开始的。不过，早在 17 世纪，天文学家们就已经发现了木星上那个巨大的风暴。由此可见，它至少已经存在 300 多年了！然而，它现在正在逐渐缩小。天文学家推测，那个巨大的风暴可能将在未来 20 年内消失。

1

企鹅怎么找到回家的路?

（和英国伦敦自然历史博物馆
亚历克斯·邦德博士一起回答）

企鹅能通过几种不同的感官找到回家的路。到了该组建家庭的时候，企鹅会回到它们出生的地方，有时它们甚至会回到同一个洞穴或筑巢区。这真是太神奇了！你见过指南针吗？由于地球磁场的作用，指南针的指针始终指向地球的北极和南极。这样，指南针就能给我们指引方向。科学家认为，很多鸟类，包括企鹅天生就有“指南针”，它们能利用地球的磁场辨别方向，所以不会迷路。我们人类可没有这个本领哟！当企鹅回到出生地附近后，它们会用嗅觉和视觉找到自己的巢穴。

2

为什么企鹅不能飞?

（和英国高级动物管理员苏西·海德一起回答）

企鹅不能飞有几个原因。首先，它们的骨骼较重，而那些会飞的鸟类的骨骼可不是这样的。鸟类的骨骼里面像蜂窝一样，有很多空隙，这使得它们的身体更轻盈，很容易起飞。为什么企鹅的骨骼又厚又硬呢？因为这有利于它们快速潜水并在水下游动。其次，企鹅没有适合飞翔的翅膀。在过去的千百万年间，企鹅的翅膀已经进化成了更适合游泳的样子，因为很像鱼鳍，所以叫鳍状肢。也可以这样说，企鹅不能在空中飞，但能在水中“飞”！

3

为什么企鹅宝宝长大后会换羽毛?

刚孵化时，大多数企鹅宝宝的羽毛是棕色或灰色的，既柔软又蓬松。这些羽毛是企鹅宝宝的“羽绒服”，可以帮它们抵御严寒。企鹅宝宝不需要防水性强的羽毛，因为它们在这个阶段不用下海，爸爸妈妈会给它们捕鱼吃。但是，一旦它们长大，爸爸妈妈就会离开，让它们独立生活。这时的企鹅宝宝就需要下海捕鱼了，需要换上防水性强的羽毛。它们先将蓬松的羽毛脱掉，然后长出成年企鹅才有的黑白相间的羽毛。这种羽毛分为两层，下面一层保暖，上面一层防水。这样，企鹅宝宝就能在汪洋大海里畅游和捕鱼了!

4

为什么波兰有沙漠呢?

波兰是一个森林和湖泊遍布的国家，那里出现沙漠，真是奇怪。为什么会这样呢？这都要怪我们人类自己！在中世纪，人们为了赚钱，大量开采银矿和铅矿，砍伐了大量的森林。那里的森林下面是一层沙子，可能是冰川融化后沉积下来的。森林被毁掉之后，土地就变成了沙漠。

你知道吗？

有些波兰人认为应该进行植树造林，让绿色重新覆盖这片土地；另一些人则希望保留沙漠，因为他们觉得现在那里已经成了波兰的一个独特景观。

5

我们怎样才能阻止人们砍树?

（和英国环保主义作家乔治娜·史蒂文斯一起回答）

大多数情况下，人们砍伐树木是为了开辟农田或建造房子。在城市里，人们有时会为了腾出更多的地方建高楼而砍伐树木。在许多国家，想砍伐树木必须先得到政府的批准，并通知社区。所以，如果你发现有人在砍树，可以给相关部门发电子邮件或拨打市民热线，问问那些人是否得到了批准。说不定这样能挽救一棵棵宝贵的树木呢！

有时，人们砍伐树木是为了腾出空间养牛，种植棕榈树、咖啡树和可可树等作物，制造纸张和木制品。我们可以培养一些好的生活习惯，从而减少森林的砍伐量，比如多吃蔬菜、双面用纸或利用废纸做创意手工等。

你知道吗？

世界上最古老的一则笑话是关于放屁的！虽然我们也不知道这个笑话是谁编的，但考古学家认为它起源于苏美尔文明，已经有 4 000 多年的历史了。

6

谁是第一个滑稽演员？

（和英国电台制作人丹 · 施莱伯一起回答）

马戏团小丑和宫廷小丑可能是最早的滑稽演员。19 世纪的约瑟夫 · 格里马尔迪在英国被誉为“现代小丑之父”。不过，在他之前，世界上早就有很多当之无愧的滑稽演员了。中国古代史书上就记载了一些技艺非凡的人，他们能表演很多精彩的节目，比如各种杂技。在英国，有位宫廷小丑叫简 · 福尔，她的表演经常把玛丽女王逗得很开心。还有一个绰号叫“屁王罗兰德”的人，他生活在 12 世纪，他的绝活是可以手舞足蹈地一边吹口哨一边放屁。当时的国王亨利二世常常被“屁王罗兰德”逗得哈哈大笑，“屁王罗兰德”也因此得到了国王的赏赐——一座占地约 12 000 平方米的大庄园。

你知道吗？

我们可能永远都不能确定谁是世界上第一个滑稽演员，但我们应该感谢他们不断地为我们带来欢乐。能让大家开心，是多么高兴的事呀！为什么不试着自己编个笑话呢？

7 什么是原子？

你一定玩过积木吧？原子就是宇宙中微小的“积木”，它们几乎构成了宇宙中的一切，包括你玩过的真积木。“原子”这个词来源于希腊语，意思是“不可分割的”，因为古希腊哲学家曾经认为，原子是宇宙中最小的不可分割的存在。但现代物理学家已经证明，它们并不是！原子由原子核与围绕原子核旋转的电子构成，原子核包含质子和中子。它们都极其极其微小，共同构成了原子内部那个空空荡荡的小世界。

你知道吗？

一个小黑点那么大的空间就能容纳数不清的原子！

8 恒星是怎样形成的？

（和英国天文学作家斯图亚特·阿特金森一起回答）

恒星就像人一样拥有“生命”历程——它们诞生、成长、死亡。虽然恒星的大小、颜色和温度千差万别，但所有恒星一开始都是一团巨大的星云，由尘埃和气体构成。大部分科学家认为，在亿万年间，星云不断收缩旋转，变得越来越热。最后，中心的压力和温度变得极其巨大，以至于发生了核反应。这样，一颗新的恒星就诞生了！

9

元素从哪里来？

（和英国爱丁堡皇家天文台天文学家罗布·布莱克一起回答）

大多数科学家都相信，宇宙是在一次无比巨大的爆炸中形成的，这次大爆炸产生了氢、氦等元素。氢和氦是形成恒星“生命”的极为重要的元素。恒星的中心温度非常高，氢原子被压缩在一起从而形成了氦原子。随着恒星进一步燃烧和坍塌，其他元素开始产生，比如碳、氮、氧、氖、硅和铁。那些大质量的恒星在“生命”的最后时刻，会发生一场剧烈的爆炸，成为超新星。这种爆炸释放出的能量非常非常多，足以形成所有其他的元素，并将它们喷射到遥远的太空中。地球和地球上的一切都是由这些元素构成的，所以说，我们都是“星尘做成的孩子”！

10

行星为什么有核？

（由美国天文学家盖伊·康索尔马诺回答）

大多数行星都是在恒星附近形成的，它们由恒星形成过程中残留的气体和尘埃构成。冰、岩石和金属都混合在一起，就像滚雪球一样越变越大。但是，当“雪球”增大到一定程度时，内部就会熔化，这样一来，更重的东西，比如金属，会渐渐下沉，最后就会形成行星的核；而更轻的东西，比如水，则会留在行星表面。

11

树上的芽是怎么长出来的？

（由英国植物园首席园丁杰斯·埃文斯回答）

树木由微小的细胞构成。在生长过程中，一些细胞会发生变化，有的可能会变成叶子，有的可能会发育成芽。芽会继续生长。根据植物种类、季节和生长地点的不同，芽可能会长成花朵，也可能会长成新的枝杈。

12

激光的温度有多高？

激光是由微小的光子构成的一束非常非常小的光。激光本身并没有温度，但它会使照射的物体急剧升温。2012 年，科学家用当时世界上功率最大的 X 射线激光器产生的超强激光束快速照射了一块金属铝。瞬间，这块金属铝的温度达到了 200 万摄氏度！这是当时世界上最高的温度。

13

人为什么会眨眼睛？

我们通过眨眼来清洁眼睛——就像洗车一样，不过速度可比洗车快多了。人每分钟通常会眨眼 10 多次。我们只要醒着，就会本能地眨眼。每次眨眼时，眼睑都会在眼球上涂抹油脂和泪液，这样，眼睛就不会干燥了。眨眼还能清除眼睛里的灰尘，也可以在强光下保护眼睛。

14 世界上最大的动物是什么？

蓝鲸是迄今为止生活在地球上的最大的动物。一头成年蓝鲸的体重相当于28头成年非洲象的体重，几乎是人类已知最重的恐龙的2倍！成年蓝鲸的心脏差不多有一辆摩托车那么大，而通向它心脏的血管差不多能塞下一个篮球！

15 企鹅怎么拉便便？

企鹅很爱护自己的小家，它们不喜欢在巢穴里拉便便。所以，一些企鹅，比如阿德利企鹅和帽带企鹅，会站在巢穴的边上排便。它们很厉害，可以将便便喷到40厘米以外！

16 如果放开氦气球，它会穿过大气层飞进太空吗？

很遗憾，并不会。氦气球会在离地面大约10千米的地方爆裂。因为在上升的过程中，气球外面的气压会持续下降，同时，气球里面的氦气不断膨胀，最终气球会“砰”的一声炸开！

17 蝴蝶有骨头吗?

蝴蝶虽然没有骨头，但它们的身体外面有一个骨架，叫外骨骼，能保护它们身体里柔软的内脏。构成蝴蝶外骨骼的并不是骨头，而是几丁质。蝴蝶肚子上的几丁质很厚，像很多片铠甲一样连在一起。蝴蝶翅膀上的几丁质却非常薄，所以它们可以翩翩起舞，轻盈地飞翔。蝴蝶的头上有一个硬壳，就像我们的头骨一样，可以保护大脑。

18 盖房子用的砖是怎么来的?

考古学家认为，砖是在公元前 7 000 年左右发明的。目前已知的最古老的砖块，是在西亚约旦境内死海以北的耶利哥遗址出土的。它们是用泥土做的。当时，人们把做好的泥块放在阳光下晾晒，泥块晒干变硬之后就可以使用了。在古埃及，砖是用黏土和稻草混合制成的。古罗马人用红黏土等做成砖坯，然后放在小型砖窑中烧制，使其变硬。在 19 世纪 50 年代以前，砖都是手工制作的。第一台制砖机发明后，一天可以制作几千块砖!

19 狗是怎么被驯化的？

狗的外形和品种各不相同。现在大多数狗被当作宠物饲养。不过，所有狗的祖先都是灰狼。科学家认为，大约在 14 000 年前，人类开始饲养被遗弃的狼崽，并把它们当作同伴。随着时间的推移，这些由人工繁育的狼攻击性越来越弱，性情越来越温顺，逐步被驯化成了狗。人们发现狗很有用，它们可以帮助放牧、打猎和看家护院。作为回报，人们为狗提供食物和住处，还常和它们一起散步！

20 狗能跑多快？

灵缇犬，也叫格力犬，也许是奔跑速度最快的一种狗，它们一小时能跑 60 多千米。这个速度比奥运会百米冠军尤塞恩 · 博尔特的奔跑速度还要快，要知道，他可是公认的世界上跑得最快的人呀！在小型犬中，杰克 · 拉塞尔梗犬算是跑得快的，哈巴狗和斗牛犬因为呼吸速度不够快，所以跑得比较慢。巴吉度猎犬虽然可能是跑得最慢的一种狗，但它们有非常灵敏的嗅觉。其实不管速度快慢，所有的狗最希望的，大概就是能和主人来一次充满爱意的散步！

21 为什么人们要说不同的语言？

Hello!

现在，世界上大约有7 000 种语言。

语言学家是专门研究语言的人，他们也不确定人类是从什么时候开始用语言来代替叫声和动作的。不过，他们确信，人类发明语言是为了更方便地进行交流。

Hola!

人们总是不停地从一个地方迁移到另一个地方，没准这就是世界上语言种类那么多的原因之一。

Ciao!

有些科学家认为，随着时间的流逝，人类从最初的起源地扩散到世界的每一个角落，他们的语言也演变出了很多截然不同的种类。

nǐ hǎo!

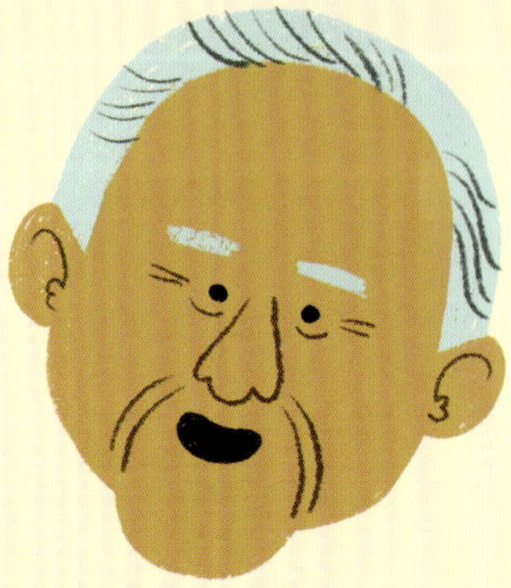

人们迁移到新的地方，就要面对不同的生存环境——不同的天气、动物、植物和自然景观。所以，他们就需要用新的词语来描述周围的事物。

所有的语言都是活的——如果人们的生活发生了改变，那么他们的语言也有可能会跟着改变。

有些古老的语言已经没人说了，比如拉丁语，它只是以书面语言的形式存在着。

遗憾的是，今天，仍有一些语言正逐渐被人们抛弃。现在，世界上大概只有寥寥数人会说阿伊努语，它是居住在日本北海道的阿伊努人的语言。

22

为什么黄色的衣服更吸引虫子？

昆虫对光、热、温等因素产生的反应叫趋性，比如趋光性、趋化性等。昆虫的感觉系统能感受到光波，不同的昆虫对不同光波会有偏好。在自然界中，黄色的波长适中，是所有色相中最能发光的颜色。因此，当你穿着黄色衣服时，一部分昆虫就会将你误认为是光源。你注意到了吗？我们日常用到的粘虫板就是黄色的。

23

月球上有人类用的物品吗？

有！航天员曾经在月球上行走过，他们的脚印还在那里，并且将会留存数百万年。他们还留下了月球车、高尔夫球、工具、勋章和一张圆盘，圆盘上记录着73位国家元首的信息。这个圆盘仅有一枚大硬币那么大，上面的信息只有通过显微镜才能看到。航天员还在月球上留下了几袋便便……

你知道吗？

阿波罗14号的航天员斯图尔特·罗萨去月球时，带了几盒树木的种子。他回来后，将这些种子作为礼物送到世界各地种植，长出来的树就叫月球树。虽然这些种子去月球转了一圈，但它们长出来的树和地球上的树其实没什么区别。

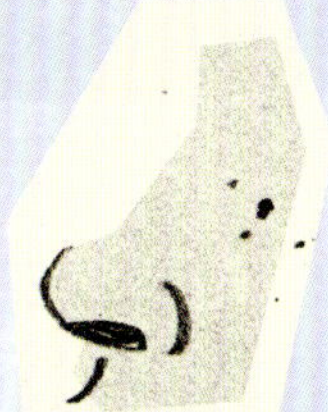

24 古代的人会进行人体解剖吗?

会！这听起来有点儿不可思议，但古代的科学家确实常常通过人体解剖来研究人体的内部结构。然后，他们把自己的研究成果写成了书，这样，其他人就可以从书中学习，不必重复进行人体解剖了。公元前 300 年左右，历史上第一所人体解剖学校在古埃及的亚历山大城建成了，这里解剖的是罪犯的尸体。

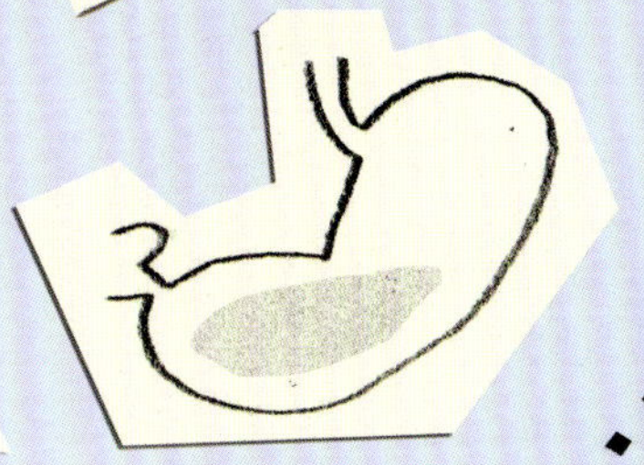
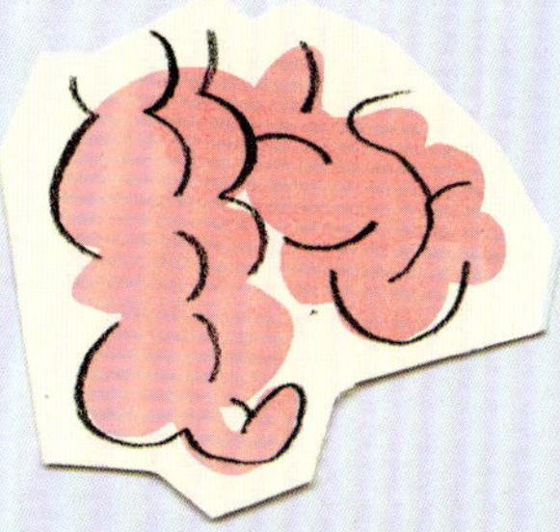

你知道吗？

达·芬奇不仅是伟大的艺术家，也是非常著名的解剖学专家。他画出了世界上第一张精确的人类脊柱解剖图！

25 阑尾有什么用?

（和英国著名医生基亚拉·亨特一起回答）

阑尾是一根细小的管子，位于我们的肠道的末端。医学家曾经认为，阑尾可以帮助我们消化粗糙、坚硬的食物。但随着人们的食物越来越精细，阑尾就没有用处了。有时，阑尾还会发炎。航天员和探险家在出发之前，通常会切除阑尾，这样，他们就不用担心在得不到医疗救助的情况下得阑尾炎了。最近，医学家发现阑尾可能还有别的用途，比如，可以在我们的免疫系统中发挥作用，帮助人体对抗感染。

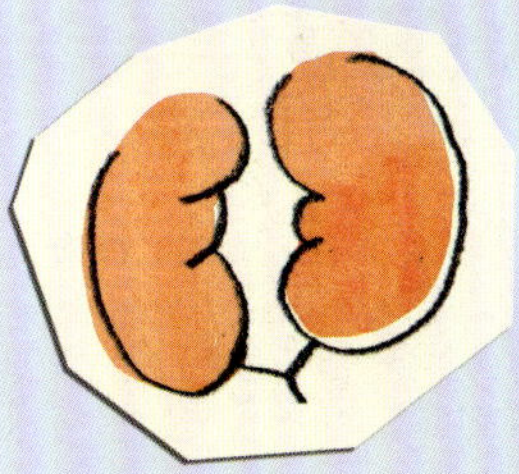
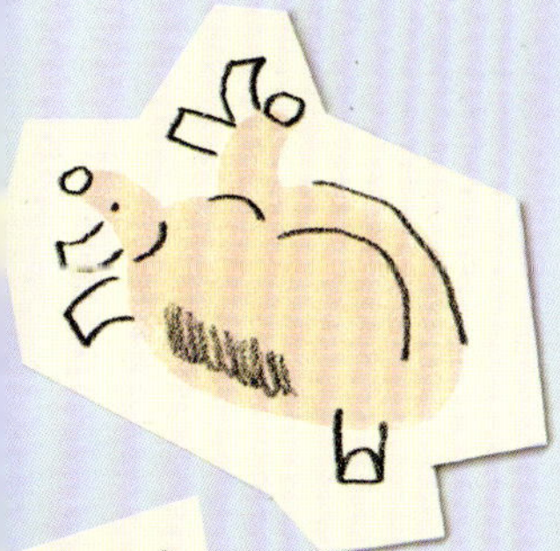

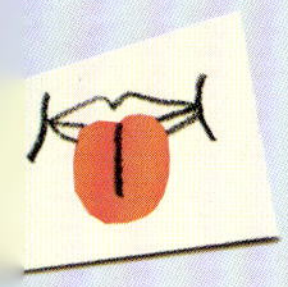
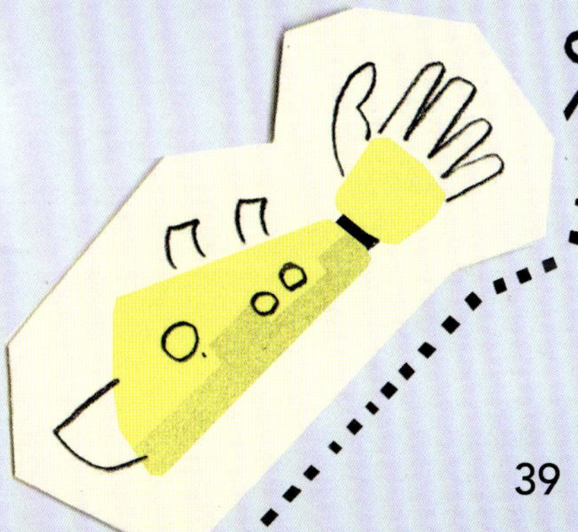
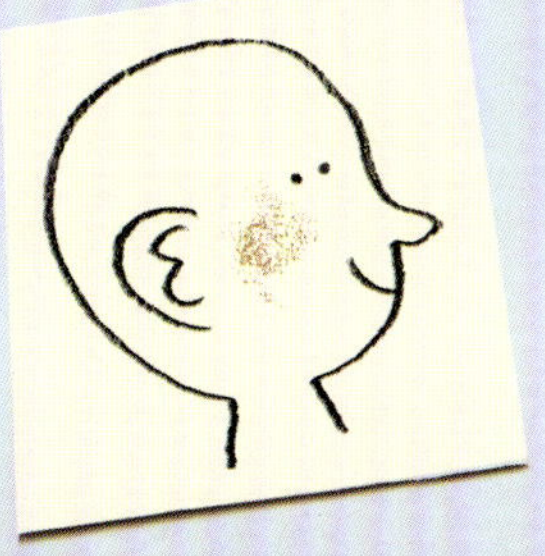
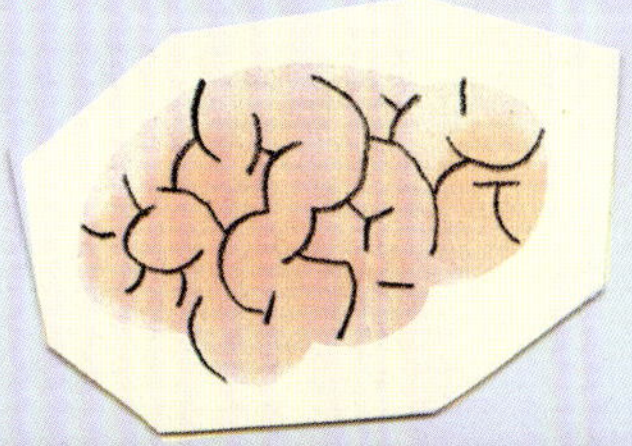

26

图坦卡蒙真的9岁就当国王了吗？他是怎么死的？

（和英国历史学家贾斯汀·波拉德一起回答）

图坦卡蒙生活在3 300多年前，所以，许多事情都很难确定。古埃及的国王被称为“法老”。上一任法老阿肯纳顿死后，图坦卡蒙登上了法老的宝座。他当时只有9岁左右，很可能是由一个成年人代表他统治国家的，直到他长大后可以亲自执政为止。图坦卡蒙当了大约9年法老。通过研究他的木乃伊，考古学家认为，他可能死于一种叫疟疾的疾病。

有些人认为，是图坦卡蒙的顾问阿伊谋杀了他，篡夺了法老王位。但大多数人认为，图坦卡蒙不是被谋杀的。他的骨骼显示他在死前不久摔断了腿，伤口还感染了。当时的医疗条件很差，这么严重的外伤很可能会要人命。再加上患有疟疾，也许是这两个原因导致了他的死亡。

27

鹿喜欢在什么时间出来活动？

其实，多数鹿喜欢在清晨太阳刚出来时，或者傍晚太阳落山前活动。它们有这样的习性，很可能是因为清晨和黄昏更安全，温度也更适宜。不过，在不同的地方，鹿的习性会有差异。

在加拿大，鹿大多数情况下在黄昏时活动，白天偶尔也会出来。

在荷兰，鹿主要是在黄昏和夜间活动的。这很可能是因为有些地方白天人太多，胆小又害羞的鹿只好选择在晚上出来。

28

为什么会有闰年?

如果地球绕太阳一周的时间正好是365天，那就不会有闰年出现。但实际情况是，地球绕太阳转动一周的时间要比365天长一点点，约365.25天。也就是说，每年都会多出6个小时，每4年就会多出24小时，刚好是一天。所以，我们就要在日历上加一天来对应它。二月通常有28天，我们每4年给它加上一天，它就成了闰月，那一年就成了闰年。

29

如果一个人是在2月29日出生的，那他怎么计算年龄?

如果他非要在2月29日那天举办生日聚会，还坚持认为，办一次生日聚会才算长了一岁的话，他的年龄就会跟他经历的闰年数一样。比如，2016年2月29日，美国的黛西·贝尔举办了她的第25个闰年生日聚会，但实际上她已经是百岁老寿星了！其实，对2月29日出生的人来说，在2月28日庆祝生日也是个不错的选择。让欢乐早一点儿到来有什么不好呢?

你知道吗?

在闰日出生的婴儿被称为闰日宝宝。你周围有在这一天出生的宝宝吗?

1

人们为什么会做梦?

（由美国神经学家大卫·伊格曼回答）

有些科学家认为，做梦可以让大脑尝试应对想象的情况，比如旅行或解决某个问题。虽然我们在现实世界中并没有遇到过这些情况，但大脑已经获得了锻炼。换句话说，做梦就像是军事演习或者戏剧彩排。

关于大脑的一项最新发现表明，大脑的不同区域可以进行功能转换。假设一个人双目失明了，他的大脑中原本负责视觉的区域就会转而负责触觉或听觉。这种功能转换发生得很快。如果你蒙住一个人的眼睛，然后监测他大脑的活动情况，你会发现在大约一小时内，视觉功能区域就开始对触觉和听觉做出反应。

所以，人们做梦可能是因为，大脑的视觉功能区域在和其他功能区域做斗争，它不想替别的功能区域工作！大脑持续向视觉皮层发送信号，让它在睡眠过程中保持活跃，结果，我们就会做千奇百怪的梦。

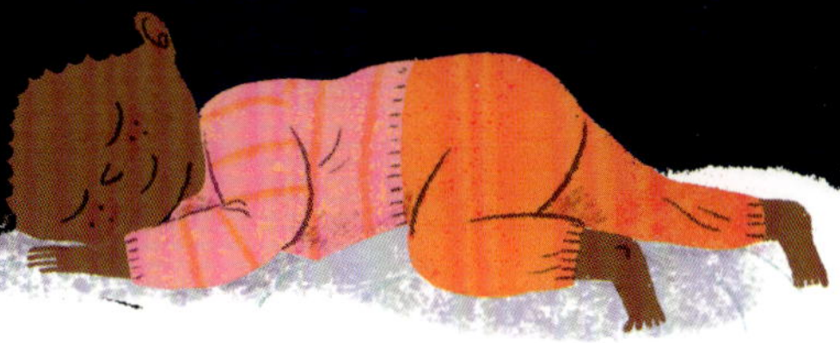

2

为什么有的梦能记住，有的梦记不住？

（和英国心理治疗师、作家菲利帕·佩里一起回答）

这要看你醒来时刚好处在睡眠周期的什么阶段。如果你很困，并且在睡眠周期的中间段醒来，你更有可能翻个身继续睡。这样，当你睡醒后，你就不会记得这个梦或只记得很少的一些片段。如果你已经睡足了，当你醒来时，你可能会记住更多梦中的情节。但是，一般你不会记住整个梦境。

不用在乎有没有记住你的梦。因为，如果你的大脑真的想让你记住，你就会一次又一次地做类似的梦，直到你记住为止！

3

大海里有多少塑料？

据科学家估计，每分钟都有一垃圾车的塑料被倾倒进大海。如果这种情况持续下去，到2050年，海洋中的塑料可能会比生活在那里面的鱼还重！

大量没有被回收利用的塑料最终流入了大海。大块的塑料分解成塑料微粒，海水变成了“塑料汤”。这些微粒永远不会彻底消失，也无法从海水中回收。海洋中的大量塑料垃圾聚积在一起，形成了塑料垃圾带。漂浮在太平洋北部的大太平洋垃圾带面积最大，约是法国国土面积的3倍。

你知道吗？

塑料经常会被海洋生物误食，不但无法被它们消化吸收，还会在它们体内产生毒素。在大太平洋垃圾带，塑料竟然占海龟食物的74%。塑料还会让珊瑚礁得病，对它们造成破坏，而这些珊瑚礁是25%的海洋生物赖以生存的家园。

你知道吗？

我们都知道塑料很难处理，所以我们尽量不去使用它们。如果不得不使用塑料制品，我们要尽可能想办法将其进行回收利用。如果你去海滩玩，发现塑料垃圾时，请将它们收集起来并扔进相应的垃圾桶中。

4

为什么我们难过的时候会流眼泪？

我们的眼睛会产生三种眼泪：清洁眼睛的眼泪、应对刺激（如胡椒喷雾）的眼泪和表达情绪的眼泪。我们悲伤、紧张、痛苦或者非常开心的时候，都会流出第三种眼泪。当我们伤心时，神经系统会捕捉到我们的情绪。然后，大脑会命令我们的眼睛，让我们的第三种眼泪流下来。这种眼泪中含有一种天然止痛药，它的名字很难记，叫亮氨酸脑啡肽，它能够起到镇静的作用。所以，有时我们在大哭一场之后，就会感到心情好多了。

5

为什么我们哭的时候会流鼻涕？

其实，那不全是鼻涕。我们哭的时候，眼泪会从我们眼皮下面的泪腺里流出来。有的眼泪并没有顺着脸颊流下来，而是通过泪腺的缝隙流到了鼻子里。在那里，眼泪和鼻涕混合在一起，从鼻子里流出来，它们真是太多了，我们想吸都吸不过来，所以我们经常说“眼泪鼻涕一大把”！

6

蜂儿能飞多高?

大黄蜂最高大约能飞到 9 000 米，比世界最高峰珠穆朗玛峰还要高。但是，大多数蜂类更愿意在地面附近嗡嗡嗡地飞来飞去，围着美味的花朵忙个不停。

7

蚱蜢怎么吃东西?

蚱蜢和我们一样，用嘴吃东西。它们的嘴非常适合切割和咀嚼植物。许多动物的嘴都是朝前的，以便在捕猎时抓到猎物。但是蚱蜢的嘴是朝下的，刚好方便它们享用树叶、花朵和种子等美味！

8

为什么瓢虫身上有斑点?

很多瓢虫都是红色的，身上分布着黑色斑点。它们长成这副模样，是用来吓唬捕食者的。在自然界中，红色和黑色斑点的组合是一种警告，意思是“离我远点儿！我有毒！”。

9
世界上有多少种蝴蝶？

世界上大约有 17 500 种蝴蝶。南美洲亚马孙河流域是世界上蝴蝶种类最多的地方，其次是东南亚地区。蝴蝶有 2 对翅膀、3 对腿和 1 对鼓槌一样的触角。最大的蝴蝶翅膀展开后大约有 31 厘米宽，而最小的只有 0.13 厘米宽。

10
露水是怎样形成的？

你如果清晨出去散步，那么可能会发现草地上覆盖着一层晶莹的小水滴，那就是露水。庄稼和树木的叶子上也会有露水。在夜晚，气温下降，空气中的水蒸气冷却后凝结成小水滴，聚集在温度较低的物体表面，这样就形成了露水。

11

蹦床是谁发明的？

类似蹦床的游戏，几千年前就出现了。比如，从很久之前开始，因纽特人就会用海象皮帮助孩子们高高跳起。小朋友们现在喜欢玩的现代蹦床，是一位叫乔治·尼森的体操运动员发明的。1930 年，16 岁的乔治·尼森在观看马戏团的空中飞人表演时，突然萌生了一个大胆的想法。他想做一个可以让人不断弹跳到空中的装置，于是，他把一块帆布绑在架子上，进行了很多次尝试。最终，他发明了现代蹦床，并申请了专利。

你知道吗？

小朋友，蹦床虽然很好玩，但玩的时候还是尽量注意安全，不要跟别人撞到一起哟！

12

为什么我们在蹦床上能跳那么高？

我们之所以能在蹦床上跳那么高，多亏了蹦床的床面和弹簧。当我们跳起来又落下时，我们的体重会将蹦床的床面向下压，牵动着连接床面的弹簧一起被压缩。根据物理学的胡克定律，弹簧无论是被拉伸，还是被压缩，它们都会竭尽全力恢复到原来的状态。所以，为了恢复正常，蹦床的弹簧会拉伸并把床面向上弹起来，我们的身体也会跟着床面向上弹起。在设计蹦床的时候，设计师考虑到了我们的最大体重，保证所用弹簧的弹力足够把我们弹起来！

13 兔子是怎样跳的?

兔子善于跳跃，这是因为它们的后腿又长又壮。它们只需要蹬一下后腿，就能向前跳出很远。当它们落地时，前腿协助身体保持平衡，后腿则会做好再次后蹬的准备。

你知道吗?

兔子的腿非常强壮——速度最快的兔子每小时能跑72千米!

14 陆龟和海龟有什么区别?

陆龟只生活在陆地上，而海龟大部分时间生活在海洋里。陆龟生活的范围很广，从干燥的沙漠到潮湿的热带雨林，都能发现它们那缓慢移动的身影。大多数陆龟不擅长游泳，而海龟则是游泳健将。

你可以通过陆龟和海龟的脚来区分它们。陆龟的脚看起来像小象的脚，而海龟的脚像船桨，所以它们在海滩上爬过之后，能留下一道道划痕。

15

我们是怎样品尝不同味道的？

味道到底有几种？有人说是 4 种：甜、酸、咸、苦；有人说是 5 种，加上鲜。人类的口腔里有许许多多的味蕾，分布在舌头上、口腔顶部和喉咙后部。伸出舌头，你会看到很多密密麻麻的小突起，味蕾就藏在里面。每个味蕾里都分布着神经，负责向你的大脑发送味觉信号。这样，你就知道自己正在品尝什么味道的食物了。

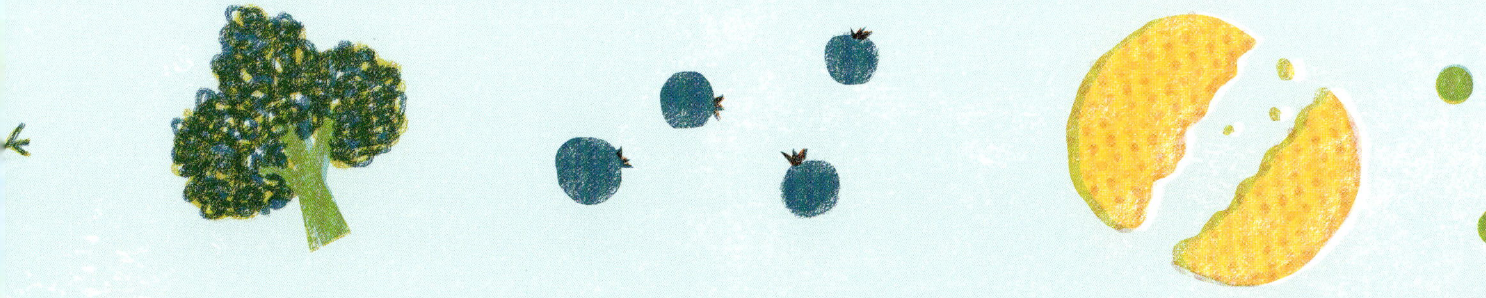

16

为什么感冒时会觉得食物的味道变了?

（由英国米其林三星级厨师赫斯顿·布鲁门塔尔回答）

准确地说，我们感冒时，食物的味道并没有变化，变化的只是气味而已。我们能通过两种器官——鼻子和嘴巴来感受味道。想知道它们是怎么分工合作的吗？我们来做一个小实验：拿一块切好的苹果，然后捏住你的鼻孔。现在咬一口苹果，但不要放开鼻孔，品一品苹果酸酸甜甜的滋味。记住，这只是味道的一部分。因为你只是用嘴巴尝到了，还没有用鼻子闻。现在，一边嚼苹果一边放开鼻孔。当你闻到苹果的气味时，你就会觉得它的味道发生了变化！人感冒后鼻子容易堵塞，闻不到食物的气味，就会觉得食物的味道变了。这时，你需要做的就是好好休息，让鼻子快快通畅起来！

17

世界上最丑的动物是什么？

水滴鱼常常被说成是世界上最丑陋的动物，但这有点儿不公平。虽然被捞起来后，水滴鱼看起来像只大蝌蚪或一团果冻，但是在它们生活的海洋深处，水的压力很大，水滴鱼的果冻状身体受到海水挤压后，看上去就跟正常的鱼差不多了。

你知道吗？

在丑陋动物保护协会的吉祥物评选活动中，水滴鱼被评为“世界上最丑陋的动物”。它以近 1 万票的优势遥遥领先！

18

有人去探索过其他行星了吗？

（由英国著名航空公司企业家理查德·布兰森爵士回答）

科学家发射了很多探测器去探索和研究其他星球，它们往往携带了很多先进的仪器和设备，来帮助科学家发现更多关于外星世界的秘密。目前，人类只探索过地球的卫星月球，还从来没有人去过其他行星。这主要是因为我们离它们太遥远了，现在的技术水平还达不到登陆的要求。但是，未来的某一天，航天员一定会登陆火星，甚至登陆更远的星球。没准你就是他们中的一员！

19

泰晤士河有多深？

泰晤士河是英国的第二大河流，全长约 346 千米。它的深度会因为测量地点的不同而发生变化，在流入西欧北海的地方最深，大约有 20 米。

20

蛇为什么会蜕皮?

随着蛇的身体越长越大，表面的鳞片会变得紧巴巴的，不合身。每到这时，它们就会蜕下整层皮肤，好让新的鳞片长出来。这就像你的脚长大了，需要换一双大一点儿的鞋子，不然原来的鞋子就会挤脚一样。蛇长到成年以后，如果体重增加或减轻，就会继续蜕皮。有时，它们蜕皮只是为了使鳞片保持良好的状态。

21

玫瑰为什么有刺?

玫瑰花很香，但这会把动物吸引过来啃食植物。玫瑰上的刺有保护作用，当动物一口咬下去的时候，它们就会被这些刺扎疼。为了避免再次被扎，它们只能放弃。这样，玫瑰就能自由地生长，尽情地绽放了。

22

为什么树蛙的眼睛是红色的?

并不是所有树蛙的眼睛都是红色的。不过，名气最大的树蛙——红眼树蛙确实有一双大大的红眼睛。它的皮肤是绿色的，可以与周围的环境融为一体。如果捕食者靠近，它就会睁开鲜红的大眼睛，露出橙色的大脚丫，伸出蓝黄相间的长腿，把捕食者吓一大跳，而后红眼树蛙就能趁机逃到安全的地方去了!

23

猫头鹰能看见紫外光吗?

紫外光又叫紫外线，是太阳发出的一种光线。白天，人类的眼睛无法看到紫外光，但许多在空中飞来飞去的鸟儿都能看到。与人类不同的是，这些鸟儿的眼睛里有一种特殊的、对紫外光十分敏感的细胞。而猫头鹰是在晚上活动的，自然看不到紫外光，但是它们拥有另一项神奇的本领，那就是极强的夜视能力。猫头鹰的瞳孔很大，能收集很多的光线。所以，在漆黑的夜晚，它们可以看得非常清楚。颜色对猫头鹰来说并不重要：有些猫头鹰能看到很少的几种颜色，还有一些只能看到黑色和白色。

24

词典是怎么编出来的?

（由英国牛津大学出版社凯瑟琳·桑斯特博士回答）

词典解释了每个词的意思、来源、不同的拼写方式和标准的发音方式。比如，《牛津英语词典》包含了许多在不同场景使用的例句，并注明了例句首次出现的时间。词典的编纂者坚持收集人们在生活中使用的新词，这样，就可以把它们添加到词典中。这些新词的来源有好几种，有的是从老词转变来的，有的是从其他语言借用来的，有的是全新的。

你知道吗?

如果你发现了一个《牛津英语词典》中没有的词，你可以给词典的编纂者写信，提醒他们考虑收录它。

25

章鱼真的有 3 颗心脏吗？

没错，章鱼真的有 3 颗心脏：2 颗心脏负责向鳃输送血液，第 3 颗负责向全身其他的器官输送血液。章鱼游泳时，第 3 颗心脏会停止跳动，这就是章鱼通常在海底爬行而不是游泳的原因——游泳真的会让它们疲惫不堪。如果需要快速移动，它们会向身后迅速喷出一股水流，靠这股力量推动身体前行！

你知道吗？

章鱼的血液是蓝色的，因为其中含有很多铜元素。当水中氧含量不高时，铜元素能帮助血液输送氧。

26
牛会导致全球变暖吗？

牛并不是全球变暖的唯一原因，但它们打嗝和放屁确实加剧了全球变暖。一头牛每天可以通过打嗝、放屁排放 100～200 升甲烷，而甲烷是一种温室气体，会使地球的温度升高。现在，科学家希望从牛的日常饮食入手，减少其甲烷气体的排放量，比如，他们尝试在牛饲料中加入大蒜，来控制牛的肠道内产生甲烷。另外，养牛需要很大的空间，因此人们会砍伐大量的森林，这也会导致全球变暖。

你知道吗？

少吃或不吃牛肉是一种有益的生活方式，这样，就不需要养那么多牛，占用那么多土地了。

27
为什么植物大多是绿色的？

（和英国伦敦自然历史博物馆研究员桑德拉·纳普博士一起回答）

任何物体呈现出来的颜色，都是它们将不同颜色的可见光反射到我们眼睛里的结果。如果没有光，我们只能看到一片漆黑。植物的细胞里含有一个叫叶绿体的微小结构。叶绿体是椭圆形的，含有一种叫叶绿素的色素。叶绿素可以吸收大部分红光和紫光，但不吸收绿光，会把它反射出去。我们的眼睛接收到了植物反射出的绿光，这就使得植物看起来是绿色的。

28

我们为什么会放屁?

我们每个人的肠道里都有很多细菌，能帮助我们分解和消化食物。在这一过程中，肠道里的细菌有时会产生气体，这些气体就会通过放屁从我们的身体里排出来。有时，我们吃饭狼吞虎咽，会吞下一些空气，这些空气会以打嗝或放屁的形式排出体外。有些屁是悄悄地放出来的，没有声音，有些屁却很响。这是因为当气体喷出时，你屁股上的肌肉会跟着一起颤动。颤动不大便没有声音，颤动急促便会发出响声。

29

我们的眼睛是怎么看到东西的？

如果你跟你的朋友对视，会在他的每只眼睛中间看到一个黑色的小圆孔，那就是瞳孔。光线强烈时，瞳孔会变小；光线暗淡时，瞳孔会变大。这样，瞳孔就能控制进入眼睛的光线的多少。

光线进入眼睛后，会先穿过对眼睛起保护作用的角膜，然后到达晶状体。晶状体会使光线发生折射，被折射的光线会照射到眼球后部的视网膜上。视网膜上有成百万甚至上千万个微小的视细胞，它们会把信息传送到位于大脑后部的视觉皮层。经过晶状体的折射，影像都是上下颠倒的，但是大脑会把它们翻转过来。所以，真正使你“看到”东西的，不是你的眼睛，而是你的大脑。

你知道吗？

瞳孔的英文是 pupil，这个词来源于拉丁语，意思是“小娃娃”——如果你仔细盯着别人的眼睛看，会在他的瞳孔里看到一个“小娃娃”，那就是你的身影呀！

你知道吗？

奥地利的一位教授做了一个关于大脑如何看东西的实验。他给参与实验的学生制作了一种特殊的护目镜，里面安装了小镜子。学生通过这种护目镜看到的一切都是翻转过来的。起初，学生们会分不清上下，总是摔倒，拿茶杯时还会把杯子倒过来！但10天以后，学生们竟然习惯了倒立的影像，生活似乎都恢复了正常。他们甚至可以骑自行车，能做自己想做的任何事情了！

30

树木为什么很重要?

**(和英国青年环保主义者
贝拉·莱克一起回答)**

树木非常有用，它们可以提供阴凉儿，可以调节气候，可以让我们感到平静，可以为我们提供食物。不过，最重要的是，树木还为维持我们的生命做着贡献，它们通过光合作用来实现这一点。光合作用是一个复杂的过程，树木吸收二氧化碳并释放氧气。树木还为其他动物提供了栖息地。是树木让地球成了生机勃勃的家园。

31

啄木鸟在啄树时不会感到头疼吗?

啄木鸟用嘴不停地啄树是为了挖洞筑巢或寻找虫子，它们还通过啄树发出的声音进行交流。有时，它们 1 秒钟可以啄 20 下！啄木鸟的大脑很小，脖子很结实，钢盔般的头骨中还有减震的空心结构，这些都会帮它们减轻啄树时大脑产生的震动。啄树之前，啄木鸟会收缩脖子上的肌肉，合上内眼睑（就是内层眼皮）。这样，眼球就不会从眼窝里被震出来了。

致　谢

下列专家、作家帮助我回答了本书中的一些问题，在此特别感谢他们。

大卫·巴顿 博士
英国伦敦自然历史博物馆
古生物学家

保罗·巴雷特 教授
英国伦敦自然历史博物馆
古生物学家

尼克·克伦普顿
英国动物学家

乔纳森·艾伯特
英国伦敦自然历史博物馆
高级策展人

里诺·卡布斯艾若
英国发型师

玛丽娜·波波娃
美国作家

伊莎贝尔·兰姆
英国儿童艺术旅行策划人

皮帕·史莫
英国珠宝商人

亚历克斯·邦德 博士
英国伦敦自然历史博物馆

苏西·海德
英国高级动物管理员

乔治娜·史蒂文斯
英国环保主义作家

丹·施莱伯
英国电台制作人

斯图亚特·阿特金森
英国天文学作家

罗布·布莱克
英国爱丁堡皇家天文台天文学家

盖伊·康索尔马诺
美国天文学家

杰斯·埃文斯
英国植物园首席园丁

基亚拉·亨特
英国著名医生

贾斯汀·波拉德
英国历史学家

大卫·伊格曼
美国神经学家

菲利帕·佩里
英国心理治疗师、作家

赫斯顿·布鲁门塔尔
英国米其林三星级厨师

理查德·布兰森 爵士
英国著名航空公司企业家

凯瑟琳·桑斯特 博士
英国牛津大学出版社

桑德拉·纳普 博士
英国伦敦自然历史博物馆研究员

贝拉·莱克
英国青年环保主义者

一天一问奇趣小百科

为什么猫头鹰的头能转270°？

[英]莫莉·奥德菲尔德 著　英国快乐瓢虫出版公司 绘　洪宇 译

GUANGXI NORMAL UNIVERSITY PRESS
广西师范大学出版社
·桂林·

YITIAN YI WEN QIQU XIAO BAIKE　WEI SHENME MAOTOUYING DE TOU NENG ZHUAN 270°？
一天一问奇趣小百科　为什么猫头鹰的头能转 270°？

出版统筹：汤文辉　　责任编辑：宋婷婷　　美术编辑：刘淑媛
品牌总监：李茂军　　特约编辑：刘　岩　　特约设计：王　倩
选题策划：李茂军　　版权联络：郭晓晨　　营销编辑：李倩雯
　　　　　戚　浩　　　　　　　张立飞　　　　　　　赵　迪
责任技编：郭　鹏

著作权合同登记号桂图登字：20-2022-222 号

图书在版编目（CIP）数据

一天一问奇趣小百科．为什么猫头鹰的头能转 270°？/（英）莫莉·奥德菲尔德著；英国快乐瓢虫出版公司绘；洪宇译．--桂林：广西师范大学出版社，2022.12（2023.3 重印）
书名原文：Everything Under The Sun
ISBN 978-7-5598-5469-8

Ⅰ．①一…　Ⅱ．①莫…　②英…　③洪…　Ⅲ．①科学知识－少儿读物　Ⅳ．①Z228.1

中国版本图书馆 CIP 数据核字（2022）第 188838 号

广西师范大学出版社出版发行
（广西桂林市五里店路 9 号　邮政编码：541004
网址：http://www.bbtpress.com）
出版人：黄轩庄
全国新华书店经销
北京博海升彩色印刷有限公司印刷
（北京市通州区中关村科技园通州园金桥科技产业基地环宇路 6 号　邮政编码：100076）
开本：965 mm × 1 194 mm　1/16
印张：4.25　　字数：80 千字
2022 年 12 月第 1 版　　2023 年 3 月第 2 次印刷
定价：168.00 元（全 4 册）

如发现印装质量问题，影响阅读，请与出版社发行部门联系调换。

作者序

这是一本美丽的书，它源自我的个人播客网站。作为一名儿童科普作家，我在这个网站上设立了一个问答栏目，世界各地的小读者们都可以在这里留下他们的问题。我每周会挑选3个问题，在请教相关专家后进行解答。

每天早上，我都会满怀期待地去看看，孩子们又给我出了什么难题。他们的问题真是包罗万象：

虎鲸和蓝鲸能聊天吗？

长颈鹿真的不能发声吗？

最大的恐龙是哪种？

海洋里有多少塑料？

人类的第一批艺术家生活在什么时候？

哇，这真是一种有趣的开启全天美好生活的方式！

后来，某一天，我忽然想到可以编一本书，分享我思考和答疑的乐趣。于是，这本书就这样诞生了！它回答了来自孩子们的366个问题，每天1个，就连闰日那天都没有落下。

这本书是对大千世界的礼赞，而且它的意义远不止于此！

我与艺术史专家探讨人类为什么要创造艺术，艺术又不能吃；我与厨艺大师讨论为什么人感冒了味觉就会发生变化；我与环保活动家讨论树木为什么那么重要……

这本书的字里行间充满了孩子们的好奇与妙想，我希望你能喜欢它。我还希望，那些天天被孩子们的奇怪问题轰炸的祖辈、父母和叔叔阿姨，能从这本书中获得一些帮助——它不仅能回答孩子们的问题，也能满足成年人的些许好奇心。

想让好奇心引领你进入美丽的新世界，就从翻开本书的这一刻开始吧！

爱你们的

莫莉

四 月

五 月

六 月

1

最早的房子是什么时候建造的?

大约 180 万年前，在非洲的坦桑尼亚，有人曾经在一个圆坑周围堆了一圈石头，看起来像是要建一座茅草屋或木棚。有的科学家认为，这展现了人类最早的建房子的想法，但有的科学家并不赞同。大多数人都认可的是法国尼斯的泰拉阿玛塔遗址，那里保存着一些人类社会早期房屋的遗迹，它们大约是在 40 万年前建造的。现在去参观，你还可以看到房子的基址和用火做饭的痕迹。

2

为什么有些人不回家，睡在大街上？

（由英国歌手、诗人乔治回答）

因为他们无家可归，只能睡在大街上。造成这种状况的原因有很多：有的人生病了，但没有人照顾他；有的人没有钱了，租不起、更买不起房子。我们可以为他们提供一些帮助。政府设立了收容所，一些民间慈善机构也会为他们提供免费食物和住宿。不过，这些机构的力量是有限的，要想让人人有家可归，还需要我们大家一起努力。

你知道吗？

你也可以帮忙。比如，把家人不再穿的衣服收集整理好，捐赠给慈善机构，他们会去帮助那些流浪街头的人。

3

树懒真的很慢吗?

在英文里，“树懒”是“慢”的意思。这可真是名副其实。无论做什么事情，它们都是慢慢悠悠的。除了吃东西和睡觉，树懒很少干别的。树懒整天挂在树上，在野生环境中，经常一天睡15～20个小时。它们每周只下树一次，而且原因只有一个——拉屉屉。

你知道吗?

树懒每次拉屉屉都会拉很多。拉完之后，它的体重会减轻1/3！

4

怎样用粪便发电?

用粪便发电有好几种不同的方法。比如，我们可以利用极其微小的生物——细菌。有的细菌以粪便为食，会释放出一种叫甲烷的气体，这种气体可以燃烧发电。或者，将粪便脱水，也就是把粪便里的水分弄出去，粪便就会变成干燥的小球，这些小球可以像煤一样燃烧发电。

5

长颈鹿的脖子有多长？

长颈鹿的脖子大约有 2 米长——比它们的大长腿还长！它们的脖子虽然很长，但只有 7 块骨头，和人类脖子上的骨头一样多。

6

长颈鹿的脖子为什么那么长？

你可能会觉得，长颈鹿有长长的脖子，是为了吃到高大树木上的叶子。不过，可能还有别的原因。比如，雄性长颈鹿可以用它们的长脖子来搏斗，它们扭动脖子，甩动头部，相互攻击。雄性长颈鹿的脖子非常强壮，它们用它作为武器撞倒对手，甚至打死对手。

7

长颈鹿会叫吗？

长颈鹿会叫，它们喜欢哼哼，但是我们人类听不到。维也纳大学的长颈鹿专家曾经在三个动物园里，分别录下了长颈鹿在 947 小时之内发出的所有声音。他们发现，长颈鹿大多会在夜里发出声音，它们发出的主要是哼哼声，而且频率很低，所以人类听不到。

你知道吗？

雄性长颈鹿的脖子越强壮，雌性长颈鹿就会越喜欢它。

8

云从哪里来?

**（和英国“赏云协会”创始人
加文·普雷托-平尼一起回答）**

天空中的云美丽多姿，有的像轻柔的纱巾，有的像蓬松的棉花糖。你可能会有点儿难以相信，这些云都是由成千上万颗小水滴和小冰晶组成的！小水滴聚集在一起，形成了低空中的云；小冰晶聚集在一起，形成了高空中的云。那么，这些小水滴和小冰晶是从哪里来的呢？它们都来自空气中的水蒸气。你看不见水蒸气，因为它们是一种气体，但当空气变冷时，水蒸气就可能会凝结在一起，在天空中形成云。

9

为什么云能飘在天上?

**（和英国“赏云协会”创始人
加文·普雷托-平尼一起回答）**

组成云的水滴和冰晶都极其小，非常轻盈，就像一粒粒尘埃。它们很容易飘浮在空中。只要有风吹拂，整片云就会随着风摇摇荡荡地飘走了。

10

风是怎么吹起来的？

（和英国海关官员凯特·马丁一起回答）

风是空气流动形成的。空气是由一种叫作分子的微小颗粒组成的。在某些地方，这些分子紧密地聚集在一起，形成了高压区。而在另一些地方，分子聚集得没那么紧密，形成了低压区。因为空气分子不喜欢彼此靠得太近，所以它们总是从高压区向低压区流动。这种运动就会形成风，并让风从一个地方吹向另一个地方。

11

云是怎样下雨的？

（和英国“赏云协会”创始人加文·普雷托－平尼一起回答）

当天空中的云变得越来越多，并且看起来又暗又黑的时候，天就可能要下雨了。离地面越高的地方，空气的温度越低，云层顶部的水滴就开始冻结，变成微小的冰晶，然后不断吸收周围水滴中的水，最后变成一个个小冰球。当空气托不住它们的时候，这些小冰球就会落下来。下落的过程中，小冰球会遇到温暖的空气，于是开始融化，最后变成雨滴，啪嗒啪嗒地落在你的头上。

12

植物是怎样生长的？

植物要生长，必须有水、氧气与适宜的温度，缺哪一样都不行。同时，植物生长还需要养分、生长的空间和时间。有些植物需要几天、几个月甚至几年才能开花结果，但这是有意义的。植物无论是高大还是矮小，其生命历程通常是从一粒种子开始的。当种子落在或被种在一个有充足水分与适宜温度的地方时，它们就会生长。它们把根扎进土壤，向上发出嫩芽，钻出地表后，一边沐浴阳光，一边努力继续向上生长。

你知道吗？

直到 1875 年，英国才将指使儿童清洁烟囱列为非法行为。

13

过去在英国，为什么人们会让年幼的男孩子去打扫烟囱？

1666 年，英国首都伦敦发生了非常严重的火灾。那场大火烧了 4 天，1/6 的城市变成了灰烬。后来，人们制定了许多防火安全规则，其中有一条就是烟囱必须又细又窄。由于成年人的身体较宽大，没办法钻到烟囱中清理烟灰，因此，清理烟灰的苦差事就落到了年幼的男孩子的头上。这是一项又脏又危险的工作。有时，穷苦人家年幼的女孩子也会被安排去干这件事。

14

泰坦尼克号撞上冰山时摇晃了吗？

（由英国贝尔法斯特泰坦尼克号纪念馆的工作人员回答）

1912 年 4 月 10 日，泰坦尼克号从英国的南安普敦启航，驶向美国纽约。这是一艘巨型邮轮，船上有健身房和游泳池，甚至还有一个壁球场。船上装载了很多食物，包括 4 万个鸡蛋。不幸的是，这艘号称“永不沉没”的大船在海上仅仅航行了 4 天就沉没了。据一些幸存者回忆，当轮船撞上冰山时，有些人什么也没听到，还有一些人只是在船撞到冰山时感觉到了轻微的摇晃。

15 海参能吃吗？

有的能吃，有的不能吃。海参是一种小型海洋生物，科学家认为它们大概有 1 700 种。不过，只有大约 40 种海参是可以吃的。能吃的海参主要包括刺参（请放心，不是扎人的刺，而是肉肉的、像刺一样的突起），它们吃起来口感筋道；还有秃参，它们没有肉刺，像根“海黄瓜”。在中国，海参是很受欢迎的美食，因为人们觉得它们富含营养物质。其实，海参本身没什么味道，所以，技艺高超的中国厨师在烹饪海参时会加很多作料，让它们吃起来更加鲜美。

16 为什么火烈鸟总是单腿站立？

被大家熟知的观点是，火烈鸟单腿站立可以节省体力。由于拥有独特的身体结构，火烈鸟单腿站立时消耗的肌肉力量比双腿站立时要少。另外，火烈鸟这样站着也可能是为了保暖，因为如果火烈鸟的两只脚都泡在水里，会加速体温流失，它们会觉得冷。

17 海洋里有多少水？

地球拥有的总水量大约有 13.86 亿立方千米，其中约 97% 的水在海洋里！

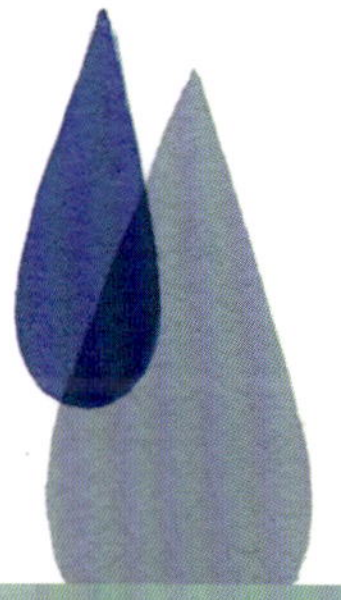

18

世界上第一位计算机程序员是谁?

埃达·洛夫莱斯女士被公认为世界上第一位计算机程序员。她出生在 1815 年，那时候计算机还没出现呢！埃达的父亲是英国著名诗人拜伦。她出生后几个星期，拜伦就抛弃了她和母亲。因为怕她变成像她父亲一样的人，她母亲不让她学习诗歌，而是鼓励她学习数学和科学。

当埃达十几岁时，她遇到了一个叫查尔斯·巴贝奇的男人。巴贝奇构想了分析机的设计方案，分析机是一种可以实现从计算到打印全自动的机器。不过，他并没有成功制造出来。埃达为巴贝奇构想分析机的文章作了长篇译注，并在译注中编写了利用分析机计算伯努利数的方法，它就是“历史上的第一个计算机程序”！

你知道吗?

埃达设想，总有一天计算机会下棋、演奏音乐，做各种各样的事情。事实证明她是对的！

19

奶牛是怎么制造牛奶的？

为了产奶，奶牛需要吃很多食物。吃那么多，能消化吗？没问题！因为奶牛不止有一个胃，而是有四个，分别叫瘤胃、网胃、瓣胃、皱胃。在瘤胃里，食物与水和微生物混合在一起；在网胃里，食物被挤压成一个个小球，返回到奶牛嘴里被再次咀嚼，这个过程叫作反刍；然后，反刍后的食物会先被送回瘤胃，再到瓣胃。在瓣胃里，水分和脂肪酸被排掉。在皱胃里，食物被分解吸收，用来制造牛奶。奶牛产奶后会把牛奶储存在它们大大的乳房里。

你知道吗？

在奶牛养殖场，牛奶是用机器挤出来的。商店里卖的牛奶，仅仅1瓶牛奶就有可能来自1 000多头不同的奶牛！

20

为什么花会有香味？

（和英国伊甸园项目创始人蒂姆·斯米特爵士一起回答）

经过数百万年的进化，花的气味越来越诱人，非常容易吸引昆虫、鸟类和哺乳动物。动物们一旦闻到花的香味，就会靠近甚至钻到花朵里面采食花蜜或花粉。这样一来，它们身上就会粘上这朵花的花粉。它们再去其他花里采蜜时，就会把这些花粉带到其他花上，以此来帮助花朵授粉，进而帮助植物繁衍后代。

21

为什么猫头鹰的头能转 270°？

人类的眼睛很灵活，可以上下左右转动，但猫头鹰做不到！所以，当它们要观察某个方向的目标时，就得朝那个方向转头。猫头鹰的颈椎结构很特殊，每只猫头鹰都有 14 节颈椎，这使得它们的脖子很灵活，能把头转动 270°。

猫头鹰还拥有一个宽大的颈椎管管腔，这就给血管提供了一定的缓冲空间。它们的下巴上还有一个缓存血库，当转头造成脑部暂时缺血时，这个血库能及时为脑部供血。所以，当猫头鹰把头转到 270° 时，你不用担心它们会因供血不足而缺氧。

你知道吗？

猫头鹰能非常快地大幅度转头，真是令人惊叹啊！千万不要跟它比哟，否则会扭伤你的脖子！猫头鹰的颈骨上有些小洞，里面有气泡。当猫头鹰转头时，这些气泡就会像小垫子一样保护它们的血管，减轻摩擦。这样，它们转头时就不会伤到自己了。

22

谁发明了音乐？

（和英国音乐家杰克·萨沃雷蒂一起回答）

没有人知道到底是谁发明了音乐。或许在人们能书写历史或乐谱之前的几千年，人们就已经发现自己可以用声音创作音乐了。声音是人类最早的“乐器”。古代，在没有电灯更没有电视的漫漫长夜里，人们可能会用编歌、唱歌来消磨时间、娱乐和相互陪伴。后来，他们发现，如果敲击某种东西，比如空的树干，就能创造乐声和节奏；如果在骨头上挖洞，可以做出笛子或其他乐器。所以，音乐可能是人们根据很多很多年的经验创作出来的。音乐是人类文明的一部分，自从人类有记忆以来，它就一直伴随着人类。

23

哪个国家制造了最早的手工乐器？

德国可能是欧洲第一个制造手工乐器的国家。2008 年，在德国的一个洞穴中，考古学家发现了用秃鹫骨头制成的笛子。这是至今为止，世界上发现的最古老的乐器——它已经有大约 4 万年的历史了！ 1986 年，在中国，考古学家发现了约 8 000 年前制作的笛子。它们是由鸟骨制成的，有一支现在还可以吹奏呢！

你知道吗？

在印度，人们也发现了古老的长笛和弦乐器。

24

为什么肥皂泡一碰就会破?

（和英国物理学家海伦·泽尔斯基一起回答）

肥皂泡有 3 层，最外面一层是肥皂液，中间一层是水，最里面一层也是肥皂液。只要两层肥皂液不接触，肥皂泡就不会破。如果你用干的手指戳泡泡，两层肥皂液就会接触，泡泡就会破裂！但是，如果你先把手浸湿，轻轻地触碰泡泡，哪怕是把手指伸进泡泡里，都不会把它戳破。

其实，即使你不去碰，泡泡最终也会破裂。两层肥皂液之间那层薄薄的水，最后会流到泡泡的底部。底部会越变越厚，顶部会越变越薄。最终，等到泡泡顶部内外两层肥皂液相互接触，泡泡就破了！

25

蜜蜂真的只能蜇一次人吗?

蜜蜂通常在蜇人之后就会马上死去，因为它们的蜇刺上有倒钩，在蜜蜂蜇人后挣脱的过程中，蜜蜂的部分内脏会连同蜇刺被撕扯下来。但很多其他种类的蜂可以多次蜇人，比如大黄蜂、马蜂等。因为它们的刺是光滑的，蜇人之后它们可以顺利地拔出刺，安全地飞走。

26

谁发明了写作，他们写的是什么？

（和英国大英博物馆语言学家欧文·芬克尔博士一起回答）

考古学家认为，目前已知的最古老的文字，是5 000多年前居住在美索不达米亚的苏美尔人发明的。那时的人们想把自己的话永久记录下来，以便其他人（包括未来的人）看到他们写下的那些代表语言的符号，就可以了解他们的想法。苏美尔人先发明了一种象形文字，后来这种文字发展成了楔形文字。这是一种正规的书写系统，持续使用了大约3 000年，最终被其他书写系统取代，比如用于书写英语的字母。

随着时间的推移，人们书写了各种各样的内容：故事、歌谣、信件、税收记录、军事记录和神话，几乎写下了我们能想到的一切——真是包罗万象！

你知道吗？

幸运的是，那时的人们会把字刻写在一块块黏土做的泥版上，这些泥版被埋入地下后，文字得以保存下来。所以，考古学家挖出这些泥版后，我们仍然可以清楚地看到上面的字！

27

世界上第一座图书馆在哪里?

世界上最早的图书馆出现在古代亚述的首都（位于现在的伊拉克境内），但它里面收藏的并不是书，而是一块块刻着楔形文字的泥版。那时纸还没被发明出来。从公元前 668 年到公元前 627 年，亚述巴尼拔国王统治着尼尼微。他有一座图书馆，里面有大约 3 万块泥版。他派人到处去搜罗各种著作，让抄写员把文字都刻写在泥版上，然后把泥版放在架子上。这座图书馆虽然与现在的图书馆大不相同，却堪称图书馆的雏形。

28 考拉只吃桉树叶不会厌食吗？

虽然考拉的食物以桉树叶为主，但它们的胃口一直都很好。如果它们真的吃腻了，也可以吃点儿其他树的叶子，比如金合欢树、茶树或千层树的叶子。考拉宝宝是不吃树叶的，它们吃妈妈排出来的一种半消化的类似屁屁的东西！这种“屁屁”稀稀的、软软的，其实就是经考拉妈妈的肚子分解过的桉树叶，里面含有有益的细菌，可以帮助考拉宝宝长大后自己分解和消化桉树叶。

29 大熊猫每天吃多少竹子？

一只成年大熊猫，每天可能要吃 10～18 千克的竹子茎叶或 30 多千克新鲜的竹笋。竹子没有什么营养，所以大熊猫每天都必须吃很多，才能获得足够的营养。

你知道吗?

蛇怪蜥蜴只能在水面上跑4.5米左右,然后就会沉入水中,继续游泳前进。

30

蜥蜴是如何在水上行走的?

确切地说,是有些蜥蜴可以在水上奔跑一段距离。它们的奔跑动作分为3步:踩水、划水和收腿,也就是脚进入水中(踩水),向后划动(划水),然后从水里抽出来,准备迈出新的一步(收腿)。这些蜥蜴踩水时,它们的脚下会产生一个小气泡,帮助它们保持直立。这些蜥蜴的后脚上有长长的脚趾,它们会把后脚并拢得像船桨一样去划水,这有助于它们在水面上奔跑。除此之外,这些蜥蜴的速度必须很快,这样才能保持身体平衡。它们真是技艺高超的小家伙!

1

水果是怎样从树上长出来的？

（和英国伊甸园项目创始人
蒂姆·斯米特爵士一起回答）

水果的一生是从花开始的。树上的花会吸引各种各样的传粉者——就是那些从花里吸食花蜜的动物，比如鸟类和昆虫。当动物来采集花蜜时，花粉就会粘在它们的皮肤、舌头或四肢上。它们去另一朵花上采蜜时，这些花粉就会被一同带过去，散落到那朵花上。

之后，花粉会进入花内部一个叫子房的器官。过不了多久，花瓣开始纷纷飘落，就像婚礼上飘洒的五彩纸屑一样，这表明花朵正在慢慢变成果实。

这时，整朵花只剩下了子房，它就像可以孵出小鸡的鸡蛋。然后，树木会释放信号，使子房不断膨胀和生长，子房壁变得越来越厚，形成果肉。只要这棵树是健康的，而且其生存的环境土壤肥沃，阳光和水分充足，果实就会在合适的季节不断生长，直到成熟。

你知道吗？

我们未来还能吃到美味的水果吗？这要看我们能不能保护好传粉者，比如蜜蜂；能不能保证土壤肥沃和水分充足。

起初，大多数水果都又绿又硬，又苦又酸。等它们快要成熟时，许多树木会释放出一种叫乙烯的特殊化学物质，使水果变色和变软。水果成熟以后，会变得多汁而香甜，这时我们就能品尝美味了！如果成熟的水果没被采摘下来，它们就会掉落到地上，最后腐烂，留下的种子会长成新的果树。

有的水果可能会被一些动物吃掉。在动物体内，种子坚硬的外壳可以保护它们不被胃酸腐蚀。当动物排便时，种了会随着粪便一起被排出来，继续等待生根发芽的机会。种子如果恰好落在一个合适的地方，就会把随它们一同排出的动物粪便当作肥料，生根发芽，最终长成一棵棵新的果树，结出自己的美味果实。

你知道吗？

不是所有的水果都长在高大的树木上。一些水果长在灌木丛上，比如蓝莓；还有一些水果长在地上，比如菠萝。

2 为什么狮子会长鬃毛？

只有雄狮有鬃毛，小狮子和雌狮没有。雄狮长出又长又密的鬃毛，是为了向雌狮和小狮子显示自己很健康、很强壮，会成为好丈夫和好父亲。在雄狮相互搏斗时，鬃毛也能很好地保护它们的脖子。

3 狮子能跑多快？

狮子的爆发力很强，在短距离内，能以大约每小时 80 千米的速度奔跑。它们的跳跃能力也很强，能跳出 11 米远！

4 为什么荨麻会扎人，它们用什么扎人？

荨麻的叶子和茎上长满了细细的刺毛。当你触碰到荨麻时，刺毛的尖端会脱落，然后像细小的针一样扎进你的皮肤，并快速地注入毒素。这种毒素是一种叫作蚁酸的具有刺激作用的化学物质，会让人感到刺痛。被扎到的皮肤会变得红肿。荨麻之所以会扎人，可能是为了保护自己，避免被动物吃掉。

5

全世界的孩子都过“六一”儿童节吗?

许多国家的小朋友都过儿童节，但是不一定是在 6 月 1 日。韩国的儿童节是 5 月 5 日；英国的儿童节是 7 月 14 日；德国有两个儿童节，一个在 6 月 1 日，另一个在 9 月 20 日；印度的儿童节是 11 月 14 日；加拿大的儿童节是 11 月 20 日……有的国家关于儿童的节日一年会有好几个，比如日本，3 月 3 日是“女孩节”，5 月 5 日是“男孩节”，11 月 15 日是“七五三”儿童节。还有一些国家，儿童节会持续好多天。在不同的国家，人们庆祝儿童节的形式也各不相同。

在中国，小朋友们会在每年的 6 月 1 日过儿童节。幼儿园或学校会举办各种各样的庆祝活动，许多公共娱乐场所也会对小朋友们免费开放。小朋友们在这一天还能收到精美的礼物哟!

6

足球是什么时候出现的?

（和英国电视节目主持人詹姆斯·哈金一起回答）

大概从意识到自己有脚的那一刻起，人类就喜欢把地上的东西踢来踢去。这其中当属踢足球最让人开心了！大多数人认为，足球最早出现在 2 000 多年前的中国。那时候球员们必须把皮球踢进球门，而球门只有大约 30 厘米宽。

第一部文字形式的足球比赛规则是距今 170 多年前在英国制定的。在这之前，足球比赛没有固定的规则，比赛时会出现整个村子齐上阵的盛况，几百人为了一个皮球而奋战。在 1846 年英国德比郡的一场比赛中，为了恢复正常的秩序，军队都被召集来了。所以，为了保证比赛正常进行，大家都必须严格遵守规则。

7

为什么球会弹起来?

当你把一只球抛向空中时，地心引力会把它拉向地面。球撞击地面产生的力会引发大小相等的反作用力，反作用力会使球向上弹起。请注意，用有弹性的材料做成的球才会反弹，比如橡胶。因为大多数有弹性的材料被压扁后，还会恢复原状。如果球是用柔软却没弹性的材料做成的，比如橡皮泥，那它就没办法弹起来。

8

足球裁判的哨子为什么可以吹得那么响?

(和英国广播员、作家亚历克斯·贝洛一起回答)

这和空气有关。空气无色无味，我们看不见嗅不到，它是由无数叫作分子的微小物质组成的。这些空气分子每时每刻都在运动。裁判的哨子上有两个孔：一个进气孔，一个出气孔。当他吹哨子的时候，数万亿的空气分子不断地被吹进哨子。哨子的内部空间十分狭小，里面的空气分子受到挤压反弹，会撞击后面进来的空气分子。然后，它们一起旋转着冲出出气孔。所有这些旋转的空气分子一起运动，使哨子发出了尖锐的哨声。

9

为什么空气污染会导致全球变暖?

燃烧石油等化石燃料产生的大量二氧化碳（CO_2）被排放到空气中，会对空气造成污染。二氧化碳是一种温室气体，它会吸收空气中的热量，并将其储存在地球的大气层中。这样，大量温室气体笼罩着地球，阻止了热量的散失，这就像把地球放在了巨大的温室里一样，会使地球的温度升高。全球变暖改变了地球的天气和温度变化的规律，它是全世界共同关注的气候变化问题。

10

为什么有的树长得高，有的树长得矮?

（和英国植物保护专家西蒙·图默一起回答）

树利用叶子进行光合作用，把阳光转化为养料，这样才能生长。你会在大森林中发现有些树长得非常高，这是因为在树木众多的环境中，树木会努力长得比邻居更高，以获取更多阳光。而在其他环境中，比如山顶，那里阳光充足，树不需要竞争，也就不需要长那么高了。当然，树的高矮也和它们本身所属的种类有关，这是长久的进化导致的。

11

海豚是怎么发出叫声的?

（和英国伦敦自然历史博物馆古生物学家
特拉维斯·帕克一起回答）

海豚利用它们头顶呼吸孔下的鼻气囊发声。当海豚呼吸时，它们会把一部分空气储存在头部的鼻气囊中。它们如果想发出吱吱声或咔嗒声，就会让空气快速从头部的鼻气囊中通过。这跟人吹口哨的原理差不多，只不过海豚头顶的鼻气囊比人的嘴要小得多，所以发出的吱吱声或咔嗒声更加尖锐。

12

为什么虎鲸是黑白色的?

（和英国伦敦自然历史博物馆高级策展人
理查德·萨宾一起回答）

虎鲸处于海洋食物链的顶端。为了捕猎，它们需要很好地伪装自己。虎鲸的背部是黑色的，腹部是白色的，这种伪装非常巧妙。从上向下看，海水颜色深，黑色的背部使虎鲸不那么显眼；从海水中往上看，阳光照射下的海水颜色浅，白色的腹部使虎鲸不容易被发现。同时，黑白搭配的颜色也使得虎鲸看起来更小，有利于迷惑猎物。

13

为什么虎鲸双眼的后面各有一块大大的白斑?

最普遍的观点是，白斑可以模糊它们眼睛的准确位置，使眼睛得到保护。如果一只顽强的猎物在反抗时试图攻击虎鲸的眼睛，它可能没有办法发起精准的攻击。

14

火是怎么燃烧起来的?

你给燃料提供足够的热量和氧气，就很有可能得到火。燃料是一种储存了大量能量的可以燃烧的物质。木头、煤和汽油都是燃料。木头中的能量来自太阳。阳光照射在树上，随着树木的生长，太阳能就会储存在树木里面。当你给燃料加热时，它会产生一种看不见的蒸汽，燃料中的碳与空气中的氧气混合，形成气团。持续加热就会产生更多的热量和蒸汽。点火时再使用一点儿引火物，火就会很快燃烧起来。

你知道吗？

只要你不断地向火中添加氧气和燃料，它就能持续燃烧。

15

为什么火焰有时是蓝色的?

不同温度的火焰，会呈现出不同的颜色。火焰中的氧气浓度越高，温度就越高。黄色的火焰里没有多少氧气，蓝色的火焰里有很多氧气。但是，也有一些特殊的情况，比如，仔细观察蜡烛的火焰，你会发现它的底部是蓝色的，可是那里却不是温度最高的地方，也不是氧气最充足的地方。这是因为蜡烛里含有烃分子，烃分子燃烧会分解成碳自由基，同时会发出蓝色的光。但就像萤火虫发出的光一样，这些光属于冷光。

16

为什么水熊虫在极端条件下也能生存？

水熊虫属于缓步动物，是地球上最顽强的动物之一！它们只有沙子那么大，已经存在了 5 亿多年。它们几乎可以在地球的任何地方生存，可以在冰冻、脱水甚至 149°C 高温的环境下存活，而且基本上不可能被消灭！它们的生命力如此顽强，是因为它们有一种隐生的能力——在极端条件下，它们会进入假死状态；当条件好转时，它们还能活过来。水熊虫可以让身体绝大部分的机能停止工作。没有水，它们可以干巴巴地待上好几年。一旦有水，它们又会恢复活力。水熊虫还能制作一个光滑透明的包囊，把自己保护起来。

你知道吗？

2019 年 4 月，一架月球探测器在月球表面坠毁了，上面载有大量微小的缓步动物。这些缓步动物之所以能成为太空旅客，是因为它们是最有可能在太空中生存的地球生物之一！

17

地球是圆的，宇宙是正方形的吗？

曾经有航天员在太空中拍摄了地球的照片，它真的是一个美丽的蓝色圆球。目前，科学家还不能确定宇宙到底是什么形状的。有的科学家认为，它是圆形或螺旋形的；还有的科学家认为，它是平的或者马鞍形的。

18

用指甲刮黑板的声音为什么那么刺耳？

有科学家推测，这和声音在耳朵里的振动速度有关。声音振动的速度叫频率，它的单位是赫兹。研究认为，用指甲刮黑板的声音频率与人大声尖叫的声音频率一样，表明这些声音是和生存联系起来的。而人耳会对与生存有联系的声音频率进行放大。这两种声音的频率都在 2 000～4 000 赫兹之间，而人耳对这个区间的声音频率最为敏感，所以，听到这些声音时我们会心跳加速、神经紧张、头皮发麻！

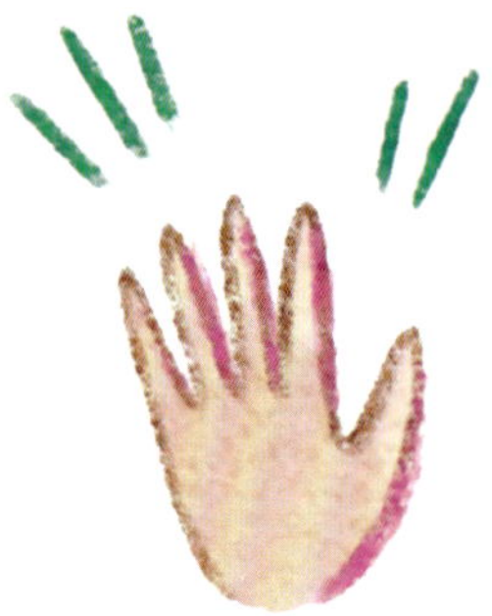

19

为什么夜莺会唱那么多歌？

（和美国鸟类学家贾森·沃德一起回答）

夜莺能发出 1 000 多种叫声，并能用这些叫声唱出大约 260 首歌。有时，它们会一直唱到深夜，这可能让一些睡眠不好的人感到心烦意乱。夜莺的歌声之所以如此丰富多样，是因为雄性夜莺为了求偶要卖力地展示自己的才能。在繁殖季节，它们会叫得更加卖力！

20

世界上最小的蝙蝠是哪种？

世界上最小的蝙蝠是泰国猪鼻蝙蝠，也有人称其为大黄蜂蝠，它们的身长不到 3 厘米，体重大约只有 2 克！有的科学家认为，它们可能是世界上最小的哺乳动物。

21

电子游戏对现实生活有什么帮助吗？

（与维多利亚和阿尔伯特博物馆项目馆长克里斯蒂安·沃辛一起回答）

电子游戏能教会你一些在现实生活中有用的技能。和朋友一起玩电子游戏可以培养团队合作精神。在一些电子游戏中，你还可以锻炼表达能力、沟通能力和理解能力。电子游戏中经常会设置一些人物和故事情节，这些可以帮助我们了解其他人的生活方式，帮助我们理解现实世界中发生的一些事情。但是，我们一定要记住，玩游戏要控制好时间，玩的时间过长会对身体和精神等造成伤害。

22

一角鲸的角是干什么用的？

一角鲸是海洋中的独角兽，它们生活在北极地区。雄性一角鲸的角其实是一颗长长的牙，最长能达到 3 米！科学家们也不知道雄性一角鲸长成这样的确切原因，他们猜测，这可能是为了吸引雌性一角鲸。同时，雄性一角鲸长长的牙上有许多神经末梢，它们可以用它捕鱼和感知海水压力及温度的变化。

23

汽车是怎么动起来的？

汽车能奔驰，全靠发动机来驱动。发动机是一种能产生动力的机器，里面有很多种运动部件。它们的运转需要很多能量，这些能量来自燃料或电池。汽油车或柴油车启动时发出的轰鸣声就是发动机的声音。电动汽车相比之下很安静。不过电动汽车需要插上电源充电，就像手机需要充电一样。

24

所有国家的车辆都靠右行驶吗？

不是的。在古罗马时期，大多数人觉得靠左行驶更好。因为大多数人用左手控制马匹或驾驶马车，用右手持武器，这样更方便。现在，世界上大多数国家的车辆是靠右行驶的，但有 70 多个国家的车辆是靠左行驶的。无论是靠右行驶还是靠左行驶，都是为了维持交通秩序，避免发生混乱和事故。我们一定要遵守交通规则哟！

25

为什么有人会晕车?

晕车也叫晕动病。你坐车时，耳朵和眼睛都会向大脑发送信息。有时，你的眼睛告诉大脑你没有动，但你的耳朵告诉它你在动。这种信息传递的差异就会引起晕车。避免晕车最好的方法，就是直视车窗外比较远的地方，不要盯着近处看。这样，你的眼睛和耳朵发送给大脑的信息就是同步的，你的身体也会放松下来。

26

修一条高速公路需要多长时间?

需要好几年！修建高速公路需要一个完备的计划和一张精准的设计图。除此之外，还有很多准备工作要做：挖地基、排水、规划分流和绕行路线以及建桥等。只有把前期工作都做好，高速公路才能正式开工建设。司机们要等上好几年才能享受一路畅行的驾驶乐趣！

27
谁是动物界最好的妈妈?

动物王国里有很多伟大的妈妈，很难说哪位最好。红毛猩猩妈妈也许是最勤劳的（就像人类的妈妈）。在生完孩子的最初的几个月里，它们总是时时刻刻抱着自己的宝宝，并且会持续照顾它们达 7 年之久！大象妈妈会轮流照看它们家族里的幼象。短吻鳄妈妈会把刚孵出的宝宝衔在嘴里，来确保它们的安全，直到它们能自己照顾自己。章鱼妈妈一次能产下 10 万多枚卵，它们会花很长时间来守护这些卵宝宝，有时甚至长达 4 年，直到卵宝宝孵化出来。有时候，章鱼妈妈宁愿把自己的触角当饭吃，也不会为了觅食而离开卵宝宝半步！

28
谁是动物界最好的爸爸?

（与英国海洋生物学家海伦·斯凯尔斯一起回答）

许多人认为，海马爸爸是动物界当之无愧的最好的爸爸！它们是目前发现的唯一一种在自己肚子里孕育宝宝的动物爸爸。海马成双成对地生活在海洋里，通常会和自己的伴侣终生相伴。海马爸爸从海马妈妈那里获得受精卵，把它们放在肚子里的育儿袋中细心呵护。卵孵化后，海马宝宝会在爸爸体内不停地扭动，越长越大。当它们准备好出来时，海马爸爸就会挤压育儿袋，而后，几百个海马宝宝会争先恐后地从里面跳出来。

29

恐龙是温血动物还是冷血动物？

（和英国伦敦自然历史博物馆古生物学家
大卫·巴顿博士一起回答）

科学家们最初认为，恐龙是冷血动物。它们就像现在的爬行动物一样，从外界环境中吸收热量。后来，随着科学家们发现的恐龙化石越来越多，研究也变得更加深入，他们渐渐改变了想法，认为恐龙可能是温血动物，就像现在的哺乳动物和鸟类一样，在体内产生热量。通过对恐龙骨骼的研究，一些科学家认为，一部分恐龙，特别是像迅猛龙这样的类鸟恐龙是温血动物；而另一部分较大的恐龙可能既是冷血动物又是温血动物，它们被称为“中温动物”。它们只要个头足够大，就能保持体温！

30

针鼹真的是会下蛋的哺乳动物吗？

（和英国动物学家杰克·阿什比一起回答）

是的。大多数哺乳动物都是直接生下小宝宝，而不是下蛋。但是，哺乳动物和爬行动物有着共同的祖先，它们的祖先和现在的爬行动物一样，是在卵中孕育后代的。大约3亿年前，这种动物开始进化为两个主要的分支。进化的意思是，生物为了更好地适应环境，一代一代地持续发生改变。经过多年的进化，大多数爬行动物还像祖先一样下蛋，而大多数哺乳动物都进化成了胎生，也就是生宝宝。只有针鼹等少数几种哺乳动物还保留着下蛋的生育方式。

31

鲸会放屁吗？

会的。当鲸放屁时，我们可以看到从海里冒出的气泡！很多动物都会放屁，连恐龙可能也会放屁。如果你家有宠物狗，你就会知道狗的屁有多臭！

科学家认为，除了树懒，几乎所有哺乳动物都会放屁。树懒不放屁，是因为它们体内产生的气体会被重新吸收到血液中，然后通过呼吸释放出去。

你知道吗？

螃蟹和牡蛎不会放屁，章鱼和海葵也不会放屁。

你知道吗？

潮虫不会用屁股放屁，但它们会像放屁一样从其他地方把废气排出去，而且一次可以持续一小时。

你知道吗？

鲱鱼是一种小型咸水鱼，它们通过放屁来互相沟通，在黑暗中保持行动一致。

1 为什么说太阳是地球的生命之源？

太阳能释放出非常多的能量，这些能量和阳光一样，来自太阳内部的“能量工厂”。地球上之所以有生命存在，是因为太阳和地球保持着恰当的距离。如果太阳离地球更近，地球就会太热，我们将无法生存；如果太阳离地球更远，到达地球的热量和阳光就不够维持生命的延续。太阳给我们提供能量，让地球保持温度适宜，帮助植物生长，给我们提供食物，是地球上的生命得以生存和繁衍的关键。

2 为什么我们会被晒黑？

人类皮肤中有一种叫黑色素的物质，它的多少决定了皮肤颜色的深浅。黑色素多的人，皮肤颜色自然就会深一些。阳光照射皮肤时，皮肤会产生更多的黑色素，所以就会变黑。

你知道吗？

保护皮肤不受阳光伤害的最好方法是避免暴晒。烈日炎炎时，我们在室外活动要戴上帽子，同时在裸露的皮肤上多涂一些防晒霜！

3

防晒霜是怎么保护皮肤的?

防晒霜可以保护我们的皮肤，使我们免受阳光中有害射线的伤害。它由两种化学物质组成，一种可以反射和散射阳光，另一种可以吸收阳光。每瓶防晒霜上都有防晒系数（SPF）。这个数值越大，防晒效果就越好，保护时间就越长。

其实无论防晒系数是多少，我们每天都应该涂抹防晒霜，尤其是在游泳或在海边玩的时候。当然，防晒霜不是万能的，它不会使我们免受阳光所有的伤害。所以，其他防晒措施也是必不可少的。

4

为什么有些头发被晒过后，颜色会变淡?

当阳光照在我们身上时，皮肤会产生更多的黑色素，这样，我们的皮肤就被晒黑了。阳光会破坏头发中的黑色素，而头发无法像皮肤一样产生黑色素，所以头发的颜色就变淡了。深色的头发含有更多的黑色素，所以深色的头发被晒过后颜色可能不会明显变淡。

你知道吗?

在阳光灿烂的日子里，如果你经常在海里或游泳池里游泳，你头发的颜色可能会变淡。这是因为海水中的盐和游泳池中的氯会破坏角蛋白，而角蛋白是头发的重要成分。

5

引力是怎么产生的?

（和爱丁堡皇家天文台天文学家
罗布·布莱克一起回答）

引力能使我们稳稳地站在地面上，而不是飘浮到空中；引力还能使地球持续围绕着太阳转动，不偏离轨道。300多年前，一位叫艾萨克·牛顿的科学家提出了引力的概念。他认为存在着一种拉力，能把两个物体拉到一起，就像两块磁铁互相吸引一样。但随着时间的推移，科学家们发现这个概念并不是完全正确的。大约100年前，一位叫阿尔伯特·爱因斯坦的科学家提出了新的理论：所有物体都会使空间扭曲，我们感受到的引力，其实就是空间扭曲的效果。物体的质量越大，造成的空间扭曲就越大。太阳这样的庞然大物扭曲空间，就像一个大胖子站在蹦床上一样，蹦床中间会凹陷下去，形成一个斜面。地球绕着太阳转动，就像一个高尔夫球在这个斜面上绕着大胖子转圈。

6

苹果来自哪里?

最早的苹果很可能出现在亚洲中部的哈萨克斯坦。哈萨克斯坦以前的首都叫阿拉木图，意思就是“盛产苹果的地方”。以前，丝绸之路上的商人会将吃完的苹果核沿途扔掉，苹果核生根发芽，苹果树就这样传播到了世界各地。哈萨克斯坦野生苹果的口味非常丰富，有榛子味的，有甘草味的，还有蜂蜜味的。

你知道吗？

世界上可能有15 000种苹果。苹果比其他任何水果的种类都要多。

7

不同深度的海洋区域是怎么命名的？

不同深度的海洋区域，是根据照射到那里的阳光量来命名的。海洋的顶层叫日光层，那里阳光充足，大多数常见的海洋生物都生活在那里。下面一层是暮光层，那里只有一点点光线，十分昏暗，生活着许多样貌奇特的海洋生物。再往下是深海层，那里一片漆黑，生活着一些能发光的海洋生物。下面还有两层：深渊层和超深渊层。深海层及其以下海洋区域又被称为“午夜层”。

你知道吗？

一些生活在午夜层的海洋生物没有眼睛，因为在那里什么都看不见，它们根本不需要眼睛！

8

为什么有的鱼能发光？

（和英国伦敦自然历史博物馆高级策展人詹姆斯·麦克莱恩一起回答）

在海洋深处，一些深海鱼类，比如发光的头尾灯鱼，会成群结队地游来游去。科学家认为，它们身上闪闪发光的独特图案，可以帮助它们在黑暗中相互识别。如果一条头尾灯鱼被捕食者追逐，它会突然发出一道非常明亮的光（有点儿像照相机的闪光灯）来干扰捕食者，给自己创造一个逃跑的机会。

还有一些深海鱼，比如深海龙鱼和鮟鱇，会用发光的部位当诱饵来捕食猎物。深海龙鱼的下颌长着一条肉质的卷须，顶端的发光器可以发光。深海龙鱼会故意晃动发光的卷须，把小鱼吸引到嘴巴周围，然后一口吞下！

9

人是猴子变的吗?

(和英国伦敦自然历史博物馆古人类学家朱莉娅·高尔韦-威瑟姆一起回答)

这样说是不科学的。我们来设想一下:如果你的妈妈有兄弟姐妹，他们有孩子，那么，这些孩子就是你的表亲;如果你的姥姥有兄弟姐妹，他们有孙子孙女，那么，这些孩子就是你的远房表亲。现在的猴子，其实就是人类非常非常远的表亲。

人类和猴子的共同祖先大约生活在3 000万年前。随着时间的推移，人类和猴子发生分化，走上了不同的进化道路。所以，无论是外貌还是行为，现在的人类和猴子都非常不同。在过去的700多万年里，人类祖先的大脑和身体发生了巨大的变化，他们开始用两条腿走路，学习制造工具，说复杂的语言。在同一时期，猴子以不同的方式进化着，所以，现在的猴子与几百万年前的猴子也不一样。

10

我的祖先是谁？

（和英国遗传学家
亚当·卢瑟福博士一起回答）

400多万年前，有许多不同类型的古人类生活在非洲。随着时间的流逝，他们慢慢地发生了变化，其中一种进化成了智人。

人类智人已经存在了大约30万年。如果向上追溯，就会发现，智人属于更大的人类家族——灵长类动物。这个大家族还包括大猩猩、黑猩猩和红毛猩猩等动物。灵长类动物属于哺乳动物，哺乳动物的祖先和恐龙生活在同一时期。在那之前，人类的祖先可能是鱼，再往前可能是虫子，再往前可能是藻类……最终，我们可以把生命的起源追溯到一个微小的细胞上。大约40亿年前，它就附着在海底的某块火山岩上。

11

哪种鲨鱼最危险?

**（和英国伦敦自然历史博物馆高级策展人
詹姆斯·麦克莱恩一起回答）**

要说危险，大白鲨真是恶名远扬，但它们有可能被冤枉了，其他种类的鲨鱼袭击人的次数可能更多。虎鲨和公牛真鲨都是非常危险的鲨鱼。虎鲨的绰号是“海洋垃圾箱”，因为它们几乎什么东西都吃。公牛真鲨个头较小，但可能更危险，因为它们能游到离海岸很近的地方，甚至逆流而上，最终游进河里。

你知道吗？

人类对鲨鱼的危害比它们对人类的危害要大得多，每年都有几百万条鲨鱼被人类捕杀。

12

瑜伽怎么帮助我们放松?

(和英国著名瑜伽师塔拉·李一起回答)

瑜伽能让我们感觉更平静、更快乐、更放松。瑜伽起源于5 000多年前的古印度。当时的人们发现,做一些不同的动作,并辅以特殊的方式呼吸,可以改善情绪和补充精力。呼吸方式是瑜伽最关键的部分,每个人都可以试试:把手放在肚子上,慢慢深呼吸。吸气时,放松腹部肌肉,体会空气被吸进腹部的感觉,手能感觉到腹部慢慢鼓起,像气球一样充满空气;呼气时,收缩腹部肌肉,体会空气被排出腹部的感觉。放慢节奏,保持深呼吸1分钟左右。怎么样?现在觉得自己放松一点儿了吗?这就是瑜伽的腹式呼吸。

13

动物会倒立吗?

大熊猫可以!它们能对着树倒立,然后往树上撒尿来标记自己的领地。倒立着撒尿,能让尿液的位置更高,这会让其他动物认为,这个家伙一定又高又壮!斑臭鼬有时也会倒立,然后喷射奇臭无比的液体,把敌人熏得落荒而逃。

14 黑洞里面有什么？

**（和英国伦敦科学博物馆副馆长
道格·米勒德一起回答）**

黑洞里面有我们称为“物质”的东西，宇宙就是由这些物质构成的。但是，黑洞里的物质太多了，密度太大了，连光都逃不出来。很多人误以为黑洞看上去是黑色的，但其实它本身是没有颜色的。

15 网球运动是谁发明的？

像很多球类运动一样，我们很难证明网球运动是哪个人发明的。网球运动经历了一个漫长的形成过程。12～13 世纪，最早的网球出现在法国。不过，那个时候人们用手掌击球。15 世纪，网球拍和场地中间的球网出现了。1873 年，英国人温菲尔德在羽毛球运动的启发下，进一步改进了网球的打法。到 19 世纪末，现代网球运动正式形成了。

16 犀牛的角是骨头吗？

犀牛角主要由角蛋白组成，就像人的头发和指甲一样。一头犀牛几个月大的时候，就会长出一根小小的角。有些犀牛还会长出第二根角。犀牛角一年能生长 1～10 厘米。

你知道吗？

可悲的是，虽然没有科学依据，有些人还是认为，犀牛角是有神奇功效的药材。这导致犀牛被偷猎，面临灭绝的危险。犀牛需要我们每个人的保护。

17

为什么松鼠喜欢吃坚果？

因为坚果含有丰富的脂肪，可以给松鼠提供很多能量。松鼠常吃的坚果包括橡子、核桃、松子、榛子和杏仁。果实丰收的秋天，松鼠会把一些坚果藏起来。到了食物匮乏的冬天，它们再把坚果挖出来细细品尝。

你知道吗？

松鼠会把坚果藏在不同的地方，这样它们就有机会保存更多的坚果。而那些被松鼠忘了挖出来的坚果将来可能会长成大树。

18

最早的植物是什么？

（和英国植物保护专家西蒙·图默一起回答）

科学家认为，大约 10 亿年前，地球上最早出现的植物生活在海洋中。它们很小，不像我们今天看到的植物那样有根和叶子，可能更像藻类植物。

19

世界上最大和最小的岛在哪里？

格陵兰岛是世界上最大的岛，位于北冰洋和大西洋之间。锡利群岛的主教岩是世界上最小的岛，位于大西洋。

20

婴儿是怎么学会说话的?

（和英国心理学家查尔斯·费尼霍教授一起回答）

婴儿在妈妈肚子里的时候，对语言就已经很熟悉了。到了3岁左右，他们已经是语言专家了！首先，想一想当你听别人说话时，你听到的所有人说的不同语言的发音。然后，再想想世界各地的人说其他语言时，发音有什么区别。实际上，婴儿比成人更善于辨别这些不同的语言的发音，就好像他们来到这个世界上，天生就知道语言的各种发音一样。随着时间的推移，他们开始专心学习自己说话时要用的发音，而忽略了其他的。他们长大后仍然可以学习新的语言，但是，他们的学习能力已经没有婴儿时期那么强了。

你知道吗?

婴儿在刚出生时，他们的大脑就已经准备好学习各种语言了。无论是十几亿人在说的语言，还是只有某个部落在说的语言，对他们来说都不难。

21

为什么有人说话时会唾沫横飞?

你有没有注意过自己嘴里的液体? 那是唾液，也叫唾沫，它可以帮助我们保持牙齿健康和口腔舒适。唾液还能使食物变得又滑又软，方便吞咽。有人在说话时，尤其是说得很快或者非常兴奋的时候，会喷出很多唾沫，那是因为他们嘴里的唾液太多了。他们要是能停下来喘口气，把唾液咽下去，就不会这样了。

22
世界上最高的树是什么？

世界上最高的树是一棵海岸红杉，人们给它起了个名字叫亥伯龙神。它生长在美国加利福尼亚州，年龄可能超过600岁了，高度将近116米。还有一棵名为谢尔曼将军的巨型红杉，也是在加利福尼亚州被发现的。虽然它比亥伯龙神矮，但如果用体积来衡量的话，它就是世界上最大的树了。它的树干很粗，大约要20个人手拉手才能把它抱住！

23 沙漠里有哪些危险?

沙漠是个危险重重的地方，在那里，你可能会遭遇沙尘暴、蝎子、毒蛇、脱水和晒伤，以及海市蜃楼——你以为看到的是一片绿洲，其实是一片沙漠！在沙漠里，你会大量出汗，身体里的盐分也会随之流失。如果身体失去过多盐分，你可能会有全身肌肉抽搐的现象。此外，沙尘暴在沙漠中十分常见，你很可能会在沙尘暴中迷路。如果找不到避难所，最好的办法就是趴下来等沙尘暴结束。但是，要十分小心沙土里和岩石下的蛇！

24

蛇会把自己的小便当水喝吗?

（和美国野生动物保护学博士后
尼克·卡鲁索一起回答）

不会，因为小便主要是由废物组成的，饮用这些排泄物可能会让动物生病。对蛇来说，喝小便完全没有必要，因为它们的小便含水量很少。不同种类的蛇有不同的饮水方式：有些蛇会通过口腔肌肉的协同作用，使用嘴巴的前吻吸吮水，就像你用吸管喝水一样；还有一些蛇则会通过下颚部位的皱褶皮肤，像海绵一样吸水。

25

种子里面有什么?

种子里有能长出幼苗的胚，我们可以称其为植物的胎儿，就像人类的胎儿一样。胚是种子的重要组成部分，植物的根、茎和叶子都由它发育而来。种子里面还有胚生长时必需的营养物质。大多数植物通过花、果实（比如草莓的小种子或桃子的大种子）或球果（比如松果）孕育种子。

26

种子的外壳是由什么构成的?

（和英国园艺学家艾莉丝·福勒一起回答）

种子的外壳，或者说种皮，是由许多不同的物质构成的，比如纤维素、木质素、淀粉和脂类。这些听起来都很复杂，但它们结合在一起的唯一目的就是让种皮更加结实。因为种子里有很多神奇的成分，所以在开始生长之前，它们需要一层结实的种皮来保护自己，以免被昆虫吃掉或受到其他伤害。

27

动物会被晒伤吗?

鸟类通常用羽毛保护自己不被晒伤，爬行动物用鳞片保护自己不被晒伤。但有些动物，比如大象、犀牛和猪，可能会被晒伤。就连生活在海洋里的鲸也可能会被晒伤，导致身上起水泡。有些动物很聪明，想出了避免被晒伤的方法。科学家认为，长颈鹿的舌头呈蓝灰色，就是为了防止在进食时被晒伤；河马的脸上、脖子上和耳朵后面会分泌一种粉红色的液体，可以起到防晒的作用；大象则会把沙子撒在背上和头上，来防止被晒伤。

你知道吗?

有时，如果鸟吃了一些颜色鲜艳的食物，比如桑葚，鸟粪就会变成紫红色，就像你吃了火龙果后大便可能变红一样!

28

为什么鸟粪是白色的?

和哺乳动物不一样，鸟类没有膀胱，无法储存尿液，所以它们的身体不会产生尿液，而会产生一种叫尿酸的物质。鸟类在排出粪便的同时也会排出尿酸，二者混合在一起，从尾巴下面的一个小洞排出来。尿酸是白色的，所以鸟粪看上去也是白色的。

29

为什么乌龟速度这么慢？

大多数动物行动迅速，是因为它们要么需要追逐猎物，要么需要逃避捕食者。乌龟坚硬的外壳可以保护它们的安全，所以不需要跑得很快。

30

男孩比女孩跑得更快吗?

其实，在孩童时期，女孩和男孩跑得一样快。但是到了青年时期，男性可能会比女性跑得更快，这是因为男性体内的睾酮更多。睾酮是一种化学物质，能促进身体生长，使男性肌肉更发达，让他们在奔跑时更加轻松。

致 谢

下列专家、音乐家、作家帮助我回答了本书中的一些问题，在此特别感谢他们。

乔治
英国歌手、诗人

加文·普雷托－平尼
英国“赏云协会”创始人

凯特·马丁
英国海关官员

蒂姆·斯米特 爵士
英国伊甸园项目创始人

杰克·萨沃雷蒂
英国音乐家

海伦·泽尔斯基
英国物理学家

欧文·芬克尔 博士
英国大英博物馆语言学家

詹姆斯·哈金
英国电视节目主持人

亚历克斯·贝洛
英国广播员、作家

西蒙·图默
英国植物保护专家

特拉维斯·帕克
英国伦敦自然历史博物馆
古生物学家

理查德·萨宾
英国伦敦自然历史博物馆
高级策展人

贾森·沃德
美国鸟类学家

克里斯蒂安·沃辛
维多利亚和阿尔伯特博物馆
项目馆长

海伦·斯凯尔斯
英国海洋生物学家

大卫·巴顿 博士
英国伦敦自然历史博物馆
古生物学家

杰克·阿什比
英国动物学家

罗布·布莱克
爱丁堡皇家天文台天文学家

詹姆斯·麦克莱恩
英国伦敦自然历史博物馆
高级策展人

朱莉娅·高尔韦－威瑟姆
英国伦敦自然历史博物馆
古人类学家

亚当·卢瑟福 博士
英国遗传学家

塔拉·李
英国著名瑜伽师

道格·米勒德
英国伦敦科学博物馆副馆长

查尔斯·费尼霍 教授
英国心理学家

尼克·卡鲁索
美国野生动物保护学博士后

艾莉丝·福勒
英国园艺学家

一天一问奇趣小百科

钱从哪里来？

[英]莫莉·奥德菲尔德 著　英国快乐瓢虫出版公司 绘　洪宇 译

GUANGXI NORMAL UNIVERSITY PRESS
广西师范大学出版社
·桂林·

YITIAN YI WEN QIQU XIAO BAIKE　QIAN CONG NALI LAI ?
一天一问奇趣小百科　钱从哪里来?

出版统筹：汤文辉	责任编辑：宋婷婷	美术编辑：刘淑媛
品牌总监：李茂军	特约编辑：刘　岩	特约设计：王　倩
选题策划：李茂军	版权联络：郭晓晨	营销编辑：李倩雯
戚　浩	张立飞	赵　迪
责任技编：郭　鹏		

著作权合同登记号桂图登字：20-2022-222 号

图书在版编目（CIP）数据

一天一问奇趣小百科. 钱从哪里来? /（英）莫莉•奥德菲尔德著；英国快乐瓢虫出版公司绘；洪宇译. --桂林：广西师范大学出版社，2022.12（2023.3 重印）
书名原文：Everything Under The Sun
ISBN 978-7-5598-5469-8

Ⅰ. ①一… Ⅱ. ①莫… ②英… ③洪… Ⅲ. ①科学知识－少儿读物 Ⅳ. ①Z228.1

中国版本图书馆 CIP 数据核字（2022）第 184765 号

广西师范大学出版社出版发行
（广西桂林市五里店路 9 号　邮政编码：541004
网址：http://www.bbtpress.com）
出版人：黄轩庄
全国新华书店经销
北京博海升彩色印刷有限公司印刷
（北京市通州区中关村科技园通州园金桥科技产业基地环宇路 6 号　邮政编码：100076）
开本：965 mm × 1 194 mm　1/16
印张：4.25　　字数：80 千字
2022 年 12 月第 1 版　　2023 年 3 月第 2 次印刷
定价：168.00 元（全 4 册）

作者序

这是一本美丽的书，它源自我的个人播客网站。作为一名儿童科普作家，我在这个网站上设立了一个问答栏目，世界各地的小读者们都可以在这里留下他们的问题。我每周会挑选3个问题，在请教相关专家后进行解答。

每天早上，我都会满怀期待地去看看，孩子们又给我出了什么难题。他们的问题真是包罗万象：

虎鲸和蓝鲸能聊天吗？

长颈鹿真的不能发声吗？

最大的恐龙是哪种？

海洋里有多少塑料？

人类的第一批艺术家生活在什么时候？

哇，这真是一种有趣的开启全天美好生活的方式！

后来，某一天，我忽然想到可以编一本书，分享我思考和答疑的乐趣。于是，这本书就这样诞生了！它回答了来自孩子们的366个问题，每天1个，就连闰日那天都没有落下。

这本书是对大千世界的礼赞，而且它的意义远不止于此！

我与艺术史专家探讨人类为什么要创造艺术，艺术又不能吃；我与厨艺大师讨论为什么人感冒了味觉就会发生变化；我与环保活动家讨论树木为什么那么重要……

这本书的字里行间充满了孩子们的好奇与妙想，我希望你能喜欢它。我还希望，那些天天被孩子们的奇怪问题轰炸的祖辈、父母和叔叔阿姨，能从这本书中获得一些帮助——它不仅能回答孩子们的问题，也能满足成年人的些许好奇心。

想让好奇心引领你进入美丽的新世界，就从翻开本书的这一刻开始吧！

爱你们的

莫莉

七 月

八 月

九 月

1

为什么海浪会在海滩上碎成浪花？

当海浪逐渐靠近海滩时，海水会越来越浅，海浪的底部开始放慢速度，但海浪的顶部比底部移动得更快，导致顶部向前落下，最终塌了下来，碎成了浪花。另外，海浪并不总是在海滩上破碎，也可以在浅滩处破碎。海浪在哪里破碎受很多因素的影响，比如海浪的大小和形状、海滩的形状以及海滩是由什么物质构成的。一般来说，在海滩上破碎的海浪比较小，陡峭的斜坡海滩除外。在海滩上破碎的海浪，被称为近岸浪。

你知道吗？

海上的风和风暴产生的力量可以掀起波浪。你自己也可以尝试制造波浪。试试这个方法吧：倒一碗水或者找一个小水坑，然后往水面上吹气。你会发现，水面上会形成小小的波浪。

2

为什么有的海滩是石滩，有的海滩是沙滩？

（和英国海关官员凯特·马丁一起回答）

其实，大多数海滩都是由石头构成的。唯一的区别是，有些石头比较大，比如鹅卵石；有些石头很小，我们称之为沙子。石头的大小不同，有很多原因，比如它们从哪里来，用了多长时间到达现在的位置，以及海浪力量的大小，等等。正是海浪夜以继日、年复一年的冲刷拍打，改变了石头的大小。如果一块石头在到达海滩之前，并没有在海里待很长时间，那么它可能会成为鹅卵石；如果它在海水里被浸泡冲刷了很久，当它最终被冲上海滩后，可能已经变成了沙子。

3

为什么蝾螈会长出新的肢体？

（和美国野生动物保护博士后
尼克·卡鲁索一起回答）

蝾螈的尾巴或四肢断掉以后，伤口处的血液会快速凝固，然后皮肤开始生长。蝾螈体内有一种微小的细胞，这些细胞能迅速分裂，重建骨骼、肌肉、神经和其他组织，从而长出新的肢体，这就是再生。

你知道吗？

如果蝾螈的尾巴或四肢受伤了，却没有断掉，而它们的细胞这时又过于敏感，试图再生这部分肢体。这样就会出现一种奇怪的现象——有些蝾螈会有分叉的尾巴，有的甚至会在一条腿上长出另一条腿。

4

古罗马的军队有多少士兵？

（和英国著名历史学家
丹·斯诺一起回答）

古罗马帝国拥有一支庞大的军队，士兵的人数在不同时期的差异很大。大约 2 000 年前，这支军队的人数是 40 万左右。他们被分成一个个军团。每个军团大约有 6 000 名士兵，其中近 5 000 人是步兵，其余的是骑兵、工兵和炊事兵等。

5

为什么比萨斜塔是斜的?

(和意大利艺术史教师
尼克·罗斯一起回答)

这座塔确实是斜的，因为比萨人把它建在了土质松软的地面上。比萨斜塔本身就非常重，再加上安装了7个沉重的大钟，总重量大约达到了14 500吨。比萨人从1173年开始建造这座塔，1178年建到第三层时，塔已经开始倾斜了。由于战争和瘟疫频发，这座塔花了近200年才建成。如果仔细观察，你会发现，建筑工人在塔的一侧添加了更多的石料，试图纠正倾斜的状况。但它就一直这样斜着，而且因为斜出了名，成了意大利的著名建筑。

6

蜜蜂是怎样飞的？

（和英国作家约翰·米钦森一起回答）

蜜蜂不是上下而是前后扇动翅膀。每次扇动翅膀时，它们都会轻轻地扭转翅膀，从而产生升力。这有点儿像人类在游泳池里漂浮——我们会前后划动手臂来防止自己下沉。蜜蜂在空气中用翅膀做的动作进行飞行，而且，因为它们比人小得多，所以空气浮力对它们产生的影响，就像水的浮力对人产生的影响一样明显。

你知道吗？

蜜蜂每秒能扇动约200次翅膀！

7

蜜蜂怎么酿蜜？

（和爱尔兰国家博物馆昆虫学家艾丹·奥汉伦一起回答）

首先，蜜蜂从花朵里吸取糖水一样的花蜜。然后，它把花蜜存在第二个胃——蜜囊里，再飞回蜂巢。在蜂巢里，蜜蜂口对口地传递花蜜，花蜜中混合了消化酶，再经过蜜蜂的“反刍”行为，最后才被酿成蜂蜜。蜜蜂把蜂蜜储存在蜂巢的小格子中，每个蜂巢都有很多这样的小格子，就像一个个小罐子，我们叫它巢房。一瓶蜂蜜可能需要1 000多只蜜蜂辛勤采集才能酿造出来！

8

为什么蜂巢是六边形的?

你如果仔细观察蜂巢，就会发现那些巢房是六边形的。其实，蜜蜂并不会把巢房做成六边形，而会做成圆管形。蜜蜂用蜂蜡建造蜂巢会产生热量，使蜂蜡软化变形。当蜜蜂离开或停止筑巢，蜂蜡冷却后，就会形成六边形的形状。

9

蜂王比其他的蜜蜂大吗?

是的，蜂王比蜂群里的其他蜜蜂要大得多，而且寿命也更长。

10

为什么蜂群里会有蜂王?

蜂王是蜂群里的女王，但它不坐在宝座上，也不戴王冠，它通常是蜂群里唯一能产卵的蜜蜂。当蜂王不能再产卵时，工蜂就会培育一只新的蜂王。新蜂王和工蜂一样，都是从一颗受精卵开始生长的，但它只吃蜂奶，也就是蜂王浆。

你知道吗?

蜂王浆看起来有点儿像白色的鼻涕，是从工蜂的头上分泌出来的。它的主要成分是水、特殊的蛋白质和糖，可以帮助一只幼虫成长为蜂王。

11

婴儿从哪里来？

（和英国作家、播客制作人
玛丽娜·福格尔一起回答）

婴儿是在子宫里长成的。子宫是妈妈身体里的一个器官，就像一座小房子一样。当一个成年男性的精子和一个成年女性的卵子结合后，整个生命的历程就开始了。最初，精子和卵子结合后会形成一个胚胎。刚开始的时候，胚胎只是一小团细胞，只有用显微镜才能看到。渐渐地，胚胎会发育成胎儿。

胎儿在成长过程中需要很多营养，这些营养都是通过脐带从妈妈身体里获得的。脐带是一条管道，一端通过胎儿的肚脐连着胎儿，一端连着妈妈的身体。

一般 9 个多月后，胎儿就要出生了。出生以后，他们就是婴儿了！

你知道吗？

在子宫里，胎儿可以睁开眼睛，可以听到声音、闻到气味。所以，如果你的妈妈肚子里有一个小弟弟或小妹妹，你可以对他（她）说话或唱歌，他（她）真的能听到你的声音。

你知道吗？

出生是一个复杂而神奇的过程，胎儿可以通过好几种方式来到这个世界。如果你想知道更多，可以问问你的爸爸妈妈。

12

同卵双胞胎是怎么产生的？

（和英国医生克里斯·范·图莱肯博士一起回答）

一般情况下，一旦精子和卵子结合在一起，它们就会形成一个新的细胞，叫合子。合子里面有一套完整的遗传信息，细胞不断生长、分裂，形成 2 个、4 个、8 个……细胞。这些细胞不断生长和分裂，最终形成了数万亿个细胞。但是，遗传信息始终只有一套，是它指挥这么多细胞构成了一个胎儿。

同卵双胞胎的产生方式和其他胎儿的一样，其生命历程也是从合子开始的。不过，同卵双胞胎的合子在最初分裂的时候，遗传信息被分成了完全相同的两套。所以，同卵双胞胎不仅眼睛和头发颜色都一样，而且，在其他很多方面都非常相似。有时，真的很难分辨他们谁是谁！

13

为什么小便是黄色的?

要想知道小便为什么是黄色的，我们得从尿液的产生开始说起。当血液流经肾脏时，水和其他有用的东西会回到血液中。废物被留在肾脏里，与部分水混合，变成了尿液。尿液会进入膀胱。当膀胱被装满后，我们就必须去小便了。尿液里的黄色来自尿色素，这种色素是在红细胞的代谢过程中产生的。它有点儿像颜料——混合的水越多，它的颜色就越淡。

14

为什么我的便便很臭?

便便由食物残渣、细菌、黏液和你身体不需要的已经死亡的细胞组成。因为细菌发酵，便便闻起来有点儿臭。但是，如果它闻起来奇臭无比，那可能是因为它在你体内停留得太久了。有些食物会使便便变得非常臭，特别是糖，因为细菌爱吃糖并会释放臭气；含硫化物的食物也会让便便闻起来很臭，比如肉和豆类。

15

太阳是恒星吗？

恒星是由炽热气体组成的、能自己发光的天体。没错，太阳是一颗恒星，它位于太阳系的中心。太阳之所以看起来与我们在夜空中看到的一闪一闪的恒星不同，那是因为它离地球更近。

16

为什么太阳将来会变成巨大的红巨星？

（和英国伦敦科技馆研究员艾米·戴维一起回答）

太阳的主要成分是氦和氢，塞西莉亚·佩恩－加波什金是第一个发现这个秘密的人。氢非常容易燃烧，在大约五六十亿年后，太阳核心里的氢将会燃尽，然后外层的氢开始燃烧。这会使太阳变得越来越大，最终变成巨大的红巨星。

你知道吗？

太阳离我们大约有 1.5 亿千米远，但阳光到达地球只需要 8 分 19 秒。也可以这样说，让你感到温暖的阳光，在 8 分多钟前离开了太阳，穿过浩瀚的太空照到了你身上。

17

为什么有的国家很热，有的国家很冷？

来自太阳的热量并不能平均地到达整个地球。科学家在地球的南北两极中间画了一条虚拟的线，叫赤道。离赤道越近的国家越热，因为那里大多数的时间会被阳光直射，获得的热量更多；而离赤道越远的国家，情况恰恰相反，所以更冷。

你知道吗？

没有太阳，地球上就不会有生命。太阳帮助植物生长，并为人类提供维生素 D，使我们的骨骼和牙齿更加健康。

18
为什么孔雀的嗓门那么大？

孔雀在遇到危险时会大声尖叫。当雄孔雀想要当爸爸时，也会冲着雌孔雀尖叫。野生孔雀生活在丛林里，叫声容易被遮蔽，所以它们必须提高嗓门。

19
智齿有用吗？

很久以前，人类会吃很多需要大量咀嚼的食物，比如树叶、植物根茎、坚果等。这使我们祖先的牙齿磨损得很厉害，所以他们需要额外的 4 颗牙齿，也就是我们所说的智齿。现在，我们吃的食物更软，不需要那么用力咀嚼，而且我们有很多加工食物的工具和设备，所以，我们就不再需要智齿了。

20
第一支消防队是什么时候组建的？

组建消防队来灭火的想法，最早出现在古罗马。第一支消防队有 500 人，有一个队长。如果发生了火灾，队长就会去问房子的主人，他会不会低价出售他的房子。如果房主回答说会，消防队就去把火扑灭。否则，他们就不管了。虽然这样做不光彩，但这支队伍确实是世界上第一支专业消防队。

21

为什么有人把结婚戒指戴在无名指上?

在许多国家，人们结婚后会把结婚戒指戴在左手的无名指——小拇指旁边的那根手指上。很久以前，人们认为有一根神经（也有人说是血管）从无名指开始一直延伸到心脏。把结婚戒指戴在无名指上，象征着夫妻俩心意相通。

22

为什么兔子会吃自己的粪便?

因为对兔子来说，它们的粪便很有营养。那些粪便看起来像闪亮的绿色葡萄，含有丰富的有益细菌和维生素。兔子吃下自己的粪便重新消化，从中获取大量营养物质。

23

为什么辣椒那么辣?最辣的辣椒是哪种?

辣椒之所以那么辣，是因为里面有辣椒素。辣椒素本身没有味道，但它能刺激你口腔和喉咙里负责感觉热量的部位，让它们向大脑发送信号。实际上，辣椒最辣的部分，是生着种子的白色胎座及隔膜组织。世界上最辣的辣椒是龙息辣椒，它比著名的墨西哥青辣椒还要辣500倍!

24

人体里的水有什么作用？

一个成年人的身体约有60%是由水组成的。我们每天都需要喝水。水为我们身体中的每个细胞提供营养；把营养物质输送到我们的血液系统中，形成小便，冲走我们体内的废物；在我们热的时候帮我们出汗降温；制造唾液帮助我们进食和消化；润滑我们的关节，保护我们的大脑和脊髓。所以，记得喝水哟！

25

一个苹果里有多少水？

一个苹果的含水量大约是86%，所以如果你感到口渴的话，就吃个苹果吧！

你可以做一个测量苹果水分的小实验：请爸爸或妈妈帮忙把苹果切成片，称一下每片苹果的重量并记下来。把每一片苹果都挂起来晾晒，每两天称一次苹果片的重量，看看有什么变化。大约一周后，把所有已经晒干的苹果片的重量相加。然后对比一下之前的总重量，你就知道这个苹果中大约有多少水了。

你知道吗?

在美索不达米亚的一座古老神庙里，诞生了最早的银行。人们把神庙当作存放物品的安全场所。

你知道吗?

据说，英国面值最大的纸币被称为泰坦。它们的大小和一本画报差不多，被存放在英格兰银行，面值为1亿英镑，但从未公开发行过。

26
钱从哪里来?

现在，我们用硬币、纸币或银行卡买东西。但在过去，人类曾用各种物品充当钱币——从贝壳到羽毛，再到贵金属。有考古学家认为，最早的钱币出现在吕底亚。这个古老的国家位于现在的土耳其。他们的钱币有大有小，上面刻着狮子的图案。

27

为什么坐过山车时胃部会发痒？

坐过山车时，你的身体会又快又急地改变方向，比如刚刚冲到最高处，马上就呼啸着冲下来。你可能会觉得自己好像脱离了座位。在那一刻，你处于一种叫自由落体的状态。就像太空中的航天员一样，你会感觉自己在飘浮。在这个过程中，你的胃部承受的压力比平时要小，它在你体内也处于类似飘浮的状态，因此你会有胃部发痒的感觉。

28

棉花糖是谁发明的？

棉花糖最早是在 15 世纪由意大利厨师制作的，他们用叉子和木勺把熔化的糖做成了各种形状。第一台棉花糖机是牙医威廉·莫里森和糖果师约翰·沃顿在 1897 年发明的。1904 年，他们在美国圣路易斯世界博览会上第一次出售棉花糖，并且连续卖了 7 个月。当时，有近 2 000 万人参加了世界博览会，威廉和约翰总共卖掉了 68 655 根棉花糖。

29
为什么海水是咸的?

（与英国作家、艺术家
菲利普·霍尔教授一起回答）

雨水落在地上，会溶解岩石中的盐。随着时间的推移，雨水把这些盐从陆地上冲刷到大海里。到目前为止，海洋中已经积累了约 5 000 万亿吨盐，所以海水就变成咸的了。如果海水都被晒干，把留下的盐平铺在陆地上，差不多会有 200 米厚。但我们可不希望这种情况发生，因为这对鲸、鱼类和水母等所有海洋生物来说，都是一个生死攸关的大问题。海水中的盐真的很重要！

30
为什么我们可以在海里漂浮，在游泳池里却不行?

（与英国作家、艺术家
菲利普·霍尔教授一起回答）

你在游泳池里游泳是很难浮起来的。但是，你如果在海里游泳，就会像软木塞一样漂浮起来。那是因为海水中的盐会增加海水的浮力，从而让你更容易浮起来。

你知道吗?

在以色列和约旦的边界上有一片名叫死海的湖，湖水的含盐量非常高。你可以自由地躺在水面上，不用担心沉下去，就像飘浮在天空中一样。

31

是谁想出了独角兽的故事？

几千年前，神奇的独角兽就已经出现在中国和印度的神话故事中了。后来，这类故事传到了欧洲。第一位记录者是克特西亚斯，他生活在公元前 4 世纪的古希腊，是一名医生和历史学家。他笔下的独角兽形如白马，额前有一个螺旋角。现代历史学家认为，克特西亚斯描绘的可能是一头独角的印度犀牛。独角兽的形状和大小在不同的故事里千变万化，不过，它一直是孩子们喜欢的角色。

你知道吗？

很久以前，可怜的一角鲸——海中的独角兽，就是因为自己的那根类似角的长牙而被猎杀。商人们把“角”卖给了那些相信有独角兽存在的人。不仅如此，他们还相信这根长牙有魔力。

1

为什么蝴蝶的翅膀有那么多种图案？

蝴蝶的翅膀很美，色彩缤纷，图案各不相同，这可以帮助它们融入周围的环境，躲避捕食者。同时，这份美丽还能吸引异性蝴蝶，帮它们找到伴侣。

你知道吗？

亚洲有一种雌性燕尾蝶，是自然界的伪装高手，它们翅膀上的图案变化多端，可以伪装成14种不同的有毒蝴蝶来保护自己。

你知道吗？

黑脉金斑蝶的翅膀颜色是橙色和黑色。在自然界中，这是一种警告色，意思是：别碰我！我有毒！

你知道吗？

红带袖蝶的翅膀上有红色的条纹，这可以帮助它们找到同类。

你知道吗？

还有一些蝴蝶的翅膀上有像眼睛一样的斑点，这会让其他动物误以为它们面对的是一只更大的动物！猫头鹰环蝶翅膀上的斑点跟猫头鹰的大眼睛很像，能冲着蠢蠢欲动的捕食者闪闪发亮，把它们吓一跳。这样，猫头鹰环蝶就获得了几秒钟的逃跑时间！

你知道吗？

蝴蝶也用翅膀来吸引异性。大蓝闪蝶拥有明亮的蓝色翅膀。当它寻找配偶的时候，它就会大大方方地展示自己亮丽的翅膀。

2 谁发明了数字 1、2、3……？

**（和英国牛津大学数学家
马库斯·杜·索托一起回答）**

我们不确定是谁发明了这种数字，但经过多年研究，我们已经对数字的写法和起源有了更多的了解。每种语言都有不同的数字名称，像“1、2、3”这样的数字起源于印度。但是，它们通常被称为阿拉伯数字，因为它们是通过阿拉伯人传播到欧洲的。现代数字的写法也可能与古代玛雅文化有关。玛雅人通过画点和线来表示数字。

用玛雅人的方法写出的数字，真的跟阿拉伯数字有点儿像，不信你可以试试。比如，你先画一上一下两个点，然后从上一个点开始，画一个小圈和一条小尾巴把它俩连起来，就很像数字 2；如果你从上到下画三个点，然后画两个小圈把它们仨连接起来，就很像数字 3；同样的道理，你可以通过连接四个点来表示数字 4。

你知道吗？

在世界各地，人们用许多不同的方式来书写数字，这就形成了不同的数字系统。你习惯怎么写数字呢？

你知道吗？

古埃及人使用的文字是象形文字，一卷绳子表示数字 100，一根手指代表 10 000，一只青蛙代表 100 000。

3

为什么双髻鲨的头像锤子?

（和英国伦敦自然历史博物馆高级策展人
詹姆斯·麦克莱恩一起回答）

双髻鲨也叫锤头鲨。它们的头长得这么奇怪，最大的可能是因为头部两侧的“锤子”能帮它们找到躲藏在沙子中的食物。所有动物在移动时，肌肉都会产生少量电流。双髻鲨的“锤子”的底部覆盖着数千个微小的器官，它们非常灵敏，能感应到微弱的电流，那些躲藏在沙子里的海洋生物，即便动作很轻柔，也逃不过“锤子”的侦测。

你知道吗?

双髻鲨喜欢吃比目鱼和黄貂鱼。

4

龙卷风是怎样形成的?

（和美国风暴研究专家
克里斯·奇蒂克一起回答）

龙卷风源于大气系统的剧烈波动。一个大气系统的形成需要同时具备几项条件，就好比你想烤出美味的蛋糕，必须把各种原料按比例混合好。首先，干燥寒冷的气流和温暖潮湿的气流要混合在一起。然后，它们要与温暖干燥的气流刚好迎头相撞，这样才能形成大气系统。气象预报员和想拍摄龙卷风的摄影师，都会紧紧盯着大气系统的变化，因为龙卷风可能会随时成形。

5

什么动物的心跳最快?

伊特鲁里亚鼩鼱的心跳非常快，1 秒就能跳 25 次！它是世界上体重最小的哺乳动物，平均体重只有 1.8 克，寿命只有 2 年左右。

6

蜜蜂为什么会发出嗡嗡声?

当蜜蜂扇动翅膀飞舞时，会使空气产生振动，这样，我们就听到了嗡嗡声。有些蜂类，比如大黄蜂，还能通过振动身体的中间部分发出嗡嗡声。大黄蜂快速地抖动翅膀和身体，把花粉从花朵上振落下来，使花粉刚好落到它们的身体上。然后，它们会把花粉带回蜂巢，同时也能在飞行时把花粉传播到其他花朵上。这就叫蜂鸣授粉。

7

最重的猫头鹰是哪种?

最重的猫头鹰是毛腿渔鸮。它翅膀展开有 1～2 米长，体重可达 5.5 千克，与一只猫的体重差不多。

你知道吗?

尽管猫头鹰的个头和人类的小宝宝差不多大，但猫头鹰的体重更轻，因为鸟类的骨头比人类的骨头要轻得多。

8

塑料是什么做的？为什么它对环境有害？

塑料的原料是石油。石油是人们从地下开采出来的一种黏稠的物质。天然气也能被加工成塑料。塑料可以被进一步加工成各式各样的物品，比如玩具、杯子、瓶子、汽车零件等，甚至泡泡糖中都有它！塑料虽然非常有用，但它对环境十分有害，因为它很难降解，而且也会给误吞塑料的动物造成伤害。

9

世界上真的有外星人吗？

（和英国伦敦科学博物馆副馆长道格·米勒德一起回答）

要是我们知道答案就好了！到目前为止，我们没有见过任何外星人，也没有收到过任何来自外星人的信息，外星人也没有到访过地球。所以，我们只能说，我们还不确定。

10

我们发明了飞机，为什么没有发明飞行滑板？

（和英国伦敦科学博物馆副馆长道格·米勒德一起回答）

一位法国发明家已经发明了一种飞行滑板。2019 年夏天，他踩着这种滑板飞越了英吉利海峡。这说明飞行滑板并不是只能出现在科幻电影里。但是飞行滑板的制造成本非常高。也许在未来，它会变得便宜实惠。那时，我们就可以踩着它到处兜风了。

11
美人鱼怎么小便?

美人鱼是童话故事里的生物，它的上半身看起来像人类，但下半身是鱼尾巴，而不是腿。所以，它们可能会像鱼一样小便。鱼会通过鳃或通过一个叫尿孔的小洞排尿。美人鱼没有鳃，因此，它们很可能是通过尿孔小便的。

你知道吗?

美人鱼也可能像鱼一样，通过尾巴附近的一个小洞大便。如果你仔细观察一条游来游去的金鱼，你就会看到从它的腹部垂下来一条长长的线，那就是它的大便。

12
有鱼生活在没有水的地方吗?

太平洋跳弹鳚是一种热带鱼，但它们在海滩上生活。太平洋跳弹鳚是跳远高手，利用尾巴和鳍，它们能跳出比自己身体长好几倍的距离。不过，它们毕竟还是鱼，必须始终保持湿润，才能通过鳃和皮肤呼吸。因此，它们必须生活在水边，靠飞溅的浪花湿润自己。

13

为什么有些人是左撇子，有些人是右撇子？

据统计，大约90%的人是右撇子，大约10%的人是左撇子。为什么大多数人是右撇子呢？科学家们仍在研究这个问题。一些科学家认为，人可能生来就具有使用任意一只手的能力，后来，渐渐地，更喜欢用左手或右手，这主要与他们的生活习惯和身边成年人的教导、鼓励有关系。

过去，人们普遍认为喜欢用左手做事是坏习惯，但是现在我们确信，这种观念没有科学依据。还有一些人左手和右手运用得同样好。你是左撇子还是右撇子呢？你觉得用哪只手更舒服更方便就用哪只吧！

你知道吗？

每年的8月13日是国际左撇子日。世界上有很多著名的左撇子，包括美国前总统奥巴马、首位登上月球的航天员阿姆斯特朗、伟大的艺术家达·芬奇、杰出的物理学家居里夫人和网球名将纳达尔等。

14

为什么人类是杂食动物？

（和英国医生克里斯·范·图莱肯博士一起回答）

当第一批植物出现后，食草动物（以植物为食的动物）也跟着出现了。随着时间的流逝，一些食草动物开始吃其他食草动物，因为比起吃植物，吃肉能更高效地获取营养和能量。有些动物，比如牛，从始至终只吃植物。在几百万年前，人类的祖先可能还是主要吃植物。后来，他们逐渐有了更多的狩猎活动，并且会把食物加工后再吃，这是其他动物做不到的。加工后的食物更容易消化，能为人类提供更多能量。

你知道吗？

小朋友，请记住，我们人类是杂食动物，“杂食”指吃的食物多种多样。小朋友不应该挑食、偏食，只吃自己喜欢吃的。挑食会造成营养不均衡，影响身体的生长发育，还会引发疾病。

你知道吗？

打嗝通常不会持续很长时间，但如果你真的一直打个没完，可以试着喝一口冷水或咬一口柠檬，可能会有神奇的效果哟！

15

我们为什么会打嗝？

我们的肋骨下方有一块帮助我们呼吸的肌肉，叫横膈膜。横膈膜收缩时，我们就会打嗝。打嗝时，声带会关闭，所以我们会发出“嗝、嗝”声。医生认为打嗝的原因有很多，比如感到压力或兴奋，吃得或喝得太多太快，或者喝了汽水。嚼口香糖也能引起打嗝，因为嚼口香糖时，我们可能会吞下空气。其实，打嗝只是身体排出空气的一种方式。

16 猫为什么会发出呼噜声？

猫在平静的时候经常发出呼噜声，尤其是当它们舒服地趴在主人的腿上时。不过，猫在焦虑、害怕或紧张时也会发出呼噜声。高音调的呼噜声更像是喵喵叫，猫这么叫可能是想要什么东西，比如食物或者关注，这种叫声被称为恳求呼噜声。在野外，猫在互相梳理毛发时也经常会发出呼噜声。研究猫的专家认为，发出呼噜声有治疗作用，对猫的身体有好处。猫发出呼噜声时身体会随之振动，这有利于骨骼的生长和肌肉的修复。

17 狗为什么喜欢摇尾巴？

狗可以通过摇尾巴表达很多种情绪和情感。它们尾巴摇摆的方向不同，所表达的意思也不相同。

比如，向右摇尾巴可能表示它们很开心，而向左摇尾巴可能是因为它们感到灰心丧气。狗不仅会表达自己的感受，也可以看懂其他狗的“尾巴语言”。当它们看到别的狗向右摇尾巴时，就会放松；当看到别的狗向左摇尾巴时，就会紧张。

18
我为什么一定要睡觉?

（和英国儿童睡眠慈善机构创始人
维姬·道森一起回答）

能睡个好觉说明你休息得很好，第二天会精力更充沛，过得更开心。睡觉时，你的身体能自动修复，大脑也能得到休息。如果你睡得好，就有可能在学校表现得更加出色。充足的睡眠就是你的神秘超能力。

19
牙齿是什么做的?

牙齿由四部分组成，分别是牙髓、牙本质、牙釉质和牙骨质。牙髓在牙齿的中心位置，充满神经和血管。黄色的牙本质很坚硬，包围着牙髓。牙釉质是你身体中最坚硬的东西，它能保护你的牙齿。牙骨质覆盖在牙根表面，在牙龈的里面，能保持牙齿的牢固。

20
牙仙子为什么要收集我们的牙齿?

也许，牙仙子想要用小朋友们的牙齿来建造她的仙宫——她可能会像我们利用砖头一样利用那些牙齿。

21
第一个冰激凌是谁发明的？

我们不能确定是谁制作了第一个冰激凌，但我们认为它可能是约公元前500年在波斯（现在的伊朗）出现的。波斯冰激凌是用冰和各种风味的食材混合制成的，包括玫瑰水、开心果、藏红花和水果。波斯人也会把水果糖浆浇在雪上，制成另一种冰激凌。不久后，中国和古希腊也发明了自己的冷饮。16世纪，印度人发明了一种加有开心果的冷冻牛奶——库尔菲。欧洲的一些国家是从17世纪开始制作冰激凌的。

你知道吗？

冰激凌其实很蓬松，因为其中有1/4是空气。所以，无论是什么口味的冰激凌，空气都是主要成分之一。

22
为什么吃冰激凌时偶尔会头疼？

当你吃冰激凌的时候，你有时可能会头疼。有人开玩笑说这是“大脑被冻住了”。当冰激凌碰到你的上颚（口腔顶部）时，突然的寒冷会使那里的血管收缩，而你的身体就会迅速输送温暖的血液来缓解冷的感觉。血液流动的快速变化可能会引起头疼。

你知道吗？

并不是每个人都会有“大脑被冻住了”的感觉。如果你遇到了，可以试着不让冰激凌碰到上颚，这样可能就不会头疼了。

23
谁发明了巧克力？

考古学家认为，巧克力的历史很悠久，它可能是很久以前住在北美洲的奥尔梅克人发明的。巧克力的原料是并不高大的可可树的种子可可豆。奥尔梅克人把可可豆捣碎，然后与水混合，制成了巧克力饮料。考古学家发现了一个非常古老的罐子，是奥尔梅克人在公元前600年制造的，那上面有可可豆的痕迹。

24
为什么不能吃太多的糖果？

如果你吃了太多的糖果，你的体内就会储存很多身体不需要的糖。这些糖在体内转化为脂肪，导致肥胖。吃太多的糖果，可能会让你短时间内感觉精力充沛，但你很快就会感到疲惫，然后又想要吃更多的糖。这样就会导致你血液中的糖分水平上下波动，对身体健康非常不利。

你知道吗？

吃太多的糖果还会腐蚀你的牙齿。如果你掉的乳牙没扔，可以把它放进一杯汽水里，看看会发生什么变化。

25

为什么我们只能看到月亮的一面？

（和英国伦敦科学博物馆副馆长
道格·米勒德一起回答）

像地球在自转一样，月亮也在自转。与此同时，月亮还在围绕地球公转。不过，月亮自转的速度与公转的速度相同。这样一来，月亮就总是只有一面冲着我们。

26

为什么我们有时在白天也能看到月亮？

（和英国伦敦自然历史博物馆研究员
莎拉·拉塞尔教授一起回答）

实际上，月亮在白天和晚上都会出现。月亮绕着地球公转，每 27.3 天转一圈。在公转的过程中，月亮有时位于地球面向太阳的一侧，所以我们在白天也能看到它；有时它在地球的另一边，远离太阳，这时，我们就只能在夜里看到它了。

27

月亮有多大？

月亮的表面积约为 3 800 万平方千米。如果说地球有篮球那么大，那么月亮差不多和网球一样大。

28

海滩上白色的沙子是从哪里来的？

马尔代夫有大片大片的白色沙滩，那些白色的沙子都来自鹦鹉鱼的粪便。鹦鹉鱼的牙齿非常坚硬，可以啃食珊瑚。鹦鹉鱼吃完珊瑚后，其粪便会变成白色的沙子。马尔代夫群岛周围的珊瑚礁上，大约85%的沙子都是鹦鹉鱼的粪便。夏威夷的白色沙滩大部分也是这样形成的。

你知道吗？

鹦鹉鱼非常勤劳，一条鹦鹉鱼每年可以制造约100千克白沙。因此，保护它们对保护美丽的白色沙滩至关重要。

29

为什么鹦鹉鱼会睡在鼻涕泡里？

鹦鹉鱼晚上睡觉时，会制造一个黏液泡泡，或者叫鼻涕泡，然后睡在里面。这个鼻涕泡可以防止寄生虫趁它睡觉时叮咬它。那些寄生虫生活在暗礁上，如果它们白天出来活动，就会被清洁鱼吃掉。但是到了晚上，清洁鱼睡觉了，它们就敢出来了。所以，鹦鹉鱼会利用鳃里的特殊器官来制造鼻涕泡，把自己保护起来。

30

电是怎样产生的?

世界上的一切几乎都是由微小的原子构成的，而原子是由更微小的质子、电子和中子构成的。大多数情况下，原子里的电子和质子数量相等，所以它们不带电。但当电子从一个原子跳到另一个原子中时，这些原子就会因为失去平衡从而变得带电。失去电子的原子带正电荷，获得额外电子的原子带负电荷。而带负电荷的原子总想把多余的电子传递给其他东西（或其他人）。

你知道吗？

如果你的脚在羊毛地毯上蹭来蹭去，你的身体可能会产生负电荷，因为你获得了额外的电子。然后，如果你触摸金属门把手，你可能会感到轻微的刺痛。这是因为多余的电子在离开你的身体。

31

电是怎么流动的？

（和英国曼彻斯特大学
丹尼尔·乔治教授一起回答）

这个问题比较复杂，让我们来打个比方吧：你可以把电流想象成是一股流动的电子，这种电子流被称为电流，可以通过电线传播。只有当某种东西给电子一点儿推力时，它才会流动，而推力来自电池或者其他电源。假设你有一个灯泡，上面有两根电线。如果你在两根电线之间放一块电池，把它们连接起来，灯泡就会发出亮光了。

1

大猩猩首领的后背为什么是银色的?

年轻的雄性大猩猩的后背是黑色的，直到12岁左右，它们背部的毛发颜色开始变成银色。其他大猩猩一看就知道，它们已经成年了。成年的雄性大猩猩被称为银背大猩猩，但每个家族只有一个银背大猩猩来当首领。

你知道吗?

成为首领的银背大猩猩通常是家族里最强壮的。它是一家之主，肩负着很多责任：做各种决定，解决争端，击退敌人，寻找食物和安全的领地，还要帮忙保护大猩猩宝宝。真是够忙的！

2

为什么大猩猩不能像人类一样行走?

（和英国野生动物摄影师
戈登·布坎南一起回答）

简单地说，这是因为它们的身体结构和我们的不一样，我们的身体结构更适合行走。我们的腿长而健壮，手臂则比较细短；大猩猩体形高大，手臂又长又壮，但腿又短又粗。科学家曾经认为，大猩猩的短腿可能更适合攀爬，但后来发现，它们更喜欢坐在某处，用长长的手臂抓取食物。

3

大猩猩晚上睡在哪里？

大猩猩睡在丛林中，它们会用树枝和树叶给自己搭一个窝。它们有些睡在树的高处，有些则睡在低一些的地方——大树就像是大猩猩的集体宿舍。大猩猩首领和其他将成年的雄性大猩猩经常睡在地上，时刻准备着保护自己的家人。

你知道吗？

从3岁左右开始，大猩猩宝宝通过观察来学习成年大猩猩的搭窝技巧。在那之前，它们和妈妈住在同一个窝里——至少在新宝宝出生之前，它们都可以享受这份福利。

4

历史上第一位国王和女王分别是谁?

（和英国历史学家贾斯汀·波拉德一起回答）

在有文字记载之前，历史上可能已经出现过很多国王和女王了。所以，这个问题恐怕没有确切答案。

从现存的文字记录中，历史学家能查到的第一位国王叫恩美巴拉格西。大约4 700年前，他统治着基什市，这是中东地区古代苏美尔文明时期的一座城市。恩美巴拉格西是第一位被写在古代文献《苏美尔王表》上的国王，历史学家确信他是真实存在的。考古学家在一些陶罐碎片等文物上发现过他的名字。

至于第一位女王，历史学家认为很可能出现在古埃及，最有可能的是一位名叫塞贝克涅弗鲁的女法老，她在3 800多年前统治着古埃及。

你知道吗?

恩美巴拉格西被称为“卢伽尔”。“卢伽尔”在苏美尔语中是“大人物”的意思，历史学家认为这可能就是对国王的尊称。

5 为什么有些人会说梦话?

在夜里，我们的睡眠是有周期的——从浅睡期到深睡期，然后进入一个多梦的阶段，它被称为快速眼动期。因为在这个阶段，我们虽然闭着眼睛，但眼球在快速地左右移动。通常，当大脑的一小部分处于清醒状态时，人处于较浅的睡眠阶段，这时就容易说梦话。

你知道吗?

很多孩子都会说梦话，这是完全正常的，专业说法叫“梦呓”。其实，我们在睡眠过程中还会做很多不同的事情，比如大笑、呻吟甚至吹口哨。

6 为什么有的人会梦游?

梦游通常发生在睡眠的最初几个小时里，这时人的脑电波活动非常慢。虽然梦游的人身体在移动，但其实他的大脑仍然在睡觉。目前，科学家们并不清楚为什么有些人会梦游，但他们确定，小孩子更容易梦游。并且，有一种促进儿童生长的特殊化学物质可能会唤醒他们的大脑。一些小孩子，如果白天玩得太累或者精神压力过大，晚上睡觉就容易出现梦游的现象。

你知道吗?

如果你发现有人梦游，最好的办法就是轻轻地引导他们回到床上，这样，他们可能会再次安然入睡。

7

流星从哪里来?

（和英国伦敦科学博物馆副馆长
道格·米勒德一起回答）

太空中有许多微小的尘埃，它们总是快速地飞来飞去，有时还会飞向地球。当一粒宇宙尘埃穿越地球大气层时，它就会燃烧起来，形成一颗流星。我们看到的每一颗流星，都可能已经在太空中飞行了千百万年。

8

狮子什么时候睡觉?

其实，狮子大多在白天睡觉。它们主要生活在非洲的大草原上和印度的森林中。狮子生活的地方通常都比较炎热，所以，它们喜欢白天在阴凉处睡觉，到了凉爽的晚上再外出捕猎。

9

瓢虫每长一岁就会多一个斑点吗?

这真是个有趣的想法，可惜，事实不是这样的。瓢虫背上斑点的数量跟它们的年龄无关，而与它们的种类有关，不同种类的瓢虫通常有不同数量的斑点，有些瓢虫背上甚至根本没有斑点。比如，虽然二十四星瓢虫背上的斑点多达 24 个，但它肯定不是 24 岁。大多数瓢虫只能活两三年。

10

一条蟒蛇一次能吞下几只猴子？

（和英国爬行动物爱好者
“鳄鱼乔”一起回答）

这要看猴子有多大。如果猴子的体长是 60 厘米，蟒蛇的体长是 6 米，那么，它可能会一只接一只地吞下 8 只猴子。然后，在接下来的 6～12 个月里，蟒蛇可能就不需要吃东西了。

11

轮子是怎么转动的？

无论是小汽车、大卡车还是公共汽车，当然还包括火车和地铁，它们的车轮能转动，都是因为车里的发动机在推动它们前进。而自行车的车轮能转动起来，全靠人的力量。当你踩脚踏板时，产生的力量通过链条传递给车轮，它就转动起来了。

12

猎豹为什么跑得那么快？

猎豹是陆地上跑得最快的动物。在冲刺时，它们的速度十分惊人，主要是因为它们的身体非常适合奔跑。它们的体重很轻，腿很长，尾巴长长的还能帮助奔跑的猎豹保持平衡——这简直是完美的组合！

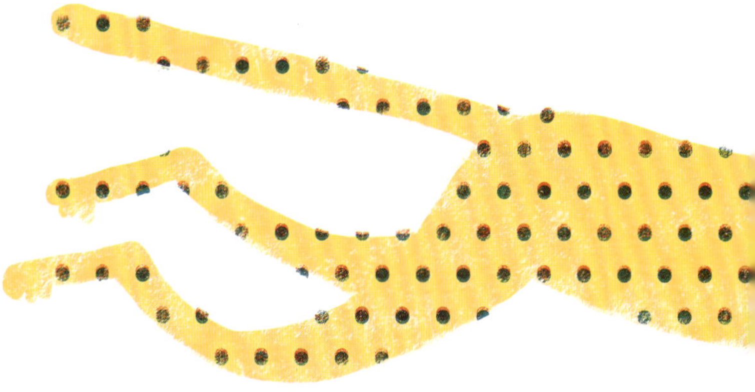

13

可持续棕榈油比普通棕榈油更环保吗？

（和食品公司可持续发展部门主管
艾玛·凯勒博士一起回答）

是的。棕榈油是一种植物油，来自印度尼西亚和马来西亚的油棕榈树果实。棕榈油是一种用途广泛的原料，从人造黄油、饼干到洗衣粉，都能用到它，它甚至可以用来给汽车加油。为了生产棕榈油，大片大片的雨林被砍伐了，红毛猩猩和苏门答腊虎等野生动物失去了家园。可持续棕榈油是指那种在严格遵守环保与公平原则的前提下生产的棕榈油。这些原则包括：确保不再砍伐雨林，确保工人有安全的劳动条件，以及确保当地的土地得到保护，等等。

你知道吗？

我们都应该尽量购买那些使用可持续棕榈油生产的商品，同时，也应该努力减少棕榈油的总体使用量。

14

油桃里有花蜜吗？

在英国，油桃又叫花蜜桃。尽管它们可能和花蜜一样甜，但油桃里并没有花蜜。花蜜是一种甜甜的液体，植物用它来吸引可以传播花粉的动物。英语中“花蜜”这个词来源于古希腊语，有“战胜死亡”的意思。古希腊人曾经认为，人喝花蜜可以长生不死。

15

亚马孙河流域有多少种植物?

亚马孙河流域有地球上面积最大的雨林，分布在 8 个国家，动植物种类极其丰富，生机勃勃。在亚马孙河流域，一直有新的植物种类被发现，所以，我们不知道那里植物种类的精确数目。到目前为止，仅种子植物，科学家就已经发现了 15 000 多种。

16

亚马孙河流域有多少种动物?

亚马孙河流域有数千种动物：400 多种哺乳动物，包括食蚁兽、大水獭、美洲豹、树懒和亚马孙河豚；约 1 300 种鸟类，包括角雕、巨嘴鸟和金刚鹦鹉；300 多种爬行动物，比如水蚺（一种巨大的蟒蛇）；3 000 多种鱼类，比如食人鱼；还有 400 多种两栖动物，比如箭毒蛙。

17

大航海时代，水手穿的裤子是什么样的？

水手穿的裤子都非常宽松，而且他们不喜欢在宽松的裤子里面穿紧身的东西，这样，水手在船上干活、跳跃和奔跑时就会很方便。随着时代的发展，水手穿的裤子竟然慢慢演变成某种时装——左右口袋处装饰着两排纽扣的高腰裤，也曾引领过时尚风潮。

你知道吗？

说到裤子，美国和一些国家的孩子习惯用“pants”，而英国和另一些国家的孩子习惯用“trousers”。注意是复数哟，因为裤子有两条裤腿。

18

大航海时代有哪些著名的航海家？

（和英国儿童博物馆馆长威尔·牛顿一起回答）

大航海时代又被称为地理大发现时代。15～17世纪欧洲的船队在世界各地征服海洋的过程中，寻找到了许多当时在欧洲不为人知的国家及地区。与此同时，欧洲涌现出了许多著名的航海家：巴尔托洛梅乌·缪·迪亚士，曾经率领船队航行至非洲大陆最南端并发现了“好望角”；瓦斯科·达·伽马，率领船队成功绕过“好望角”，最终到达了印度；克里斯托弗·哥伦布，从欧洲出发一路向西，最终发现了美洲大陆；斐迪南·麦哲伦，他和船队完成了人类首次环球航行。

19

文学或影视作品中的暗语是真实存在的吗?

答案是我们也不确定。英国儿童文学名著《金银岛》中有许多暗语，但这些暗语都是作者史蒂文森自创的。在20世纪50年代的电影版《金银岛》中，演员罗伯特·牛顿使用了许多暗语，使这些暗语在当时家喻户晓、广为流传。但文学或影视作品不是现实生活，谁也不能确定这些暗语在现实生活中是否真实存在。

你知道吗?

1519年9月20日，斐迪南·麦哲伦率领船队开始了远航。5艘舰船256名船员组成的船队，从西班牙塞维利亚城的港口出发，历经3年终于回到了出发地，但只有1艘舰船完成了这次航行。虽然麦哲伦被永远留在了菲律宾，但是这次航行的收获是巨大的：麦哲伦与船队发现了“麦哲伦海峡”，为太平洋命名，等等。这次航行是人类首次环球航行，证明了地球是圆形的。

20

大航海时代，水手为什么爱喝朗姆酒?

（和英国儿童博物馆馆长威尔·牛顿一起回答）

大航海时代，储存食品的技术不完善，水和食物很容易变质，而适合长期储存的就是各种酒了，其中，朗姆酒非常受欢迎。朗姆酒产自加勒比地区，是利用制作砂糖剩下的糖浆加水稀释后再加入酵母酿制而成的，因为酿造成本不高，价格较低廉，所以深受水手的喜爱。

21

世界上有多少个国家？

（与英国地理学家阿拉斯代尔·平克顿一起回答）

我们的地球上有七个大洲，除了南极洲以外，都分布着大大小小的国家。这些国家，有的人很多，有的人很少。每个国家的自然景色、人文景观各有不同。有的是四面临海的岛国，有的是完全不临海的内陆国；有的国家土地平坦，有的国家山脉纵横；有的国家炎热多雨、林木茂盛，有的国家干旱少雨，一眼望去都是金黄色的沙漠。

截至 2019 年，联合国共有正式会员国 193 个。在世界各大洲中，非洲是世界上拥有国家和地区数量最多的大洲，共有大大小小的国家和地区 54 个。亚洲仅次于非洲，有 39 个。

22

为什么有些国家之间会发生战争？

（由英国社会名流阿尔夫·杜布斯勋爵回答）

据考古资料显示，最早的战争出现在原始社会的中石器时代。在人类出现至今的二三百万年的时间里，有战争的历史还不到一万年。原始社会的战争是由氏族部落或部落联盟发起的，目的主要是争夺赖以生存的土地、河流、山林等自然资源。

在今天，引发战争的因素越来越多，归根结底，战争就是一种用暴力来解决分歧和矛盾的方式。双方的矛盾发展到不可调和的程度，就会引发战争。战争无论对战胜方还是战败方来说都是残酷的。任何人都不愿看到断壁残垣的城市和背井离乡的人民。

也许随着人类科技和文明的发展，终有一天，当我们不再使用暴力去解决问题的时候，战争的硝烟才终将消散。对于这个愿望，我们应该相信并努力去实现它。

23
为什么毛毛虫会变成蝴蝶？

（和英国生物学家尼克·克朗普顿博士一起回答）

毛毛虫变成蝴蝶的过程叫变态发育。毛毛虫需要快速生长，所以它们会用巨大的口器吃个不停，每天能吃下很多美味的叶子。毛毛虫把自己吃得胖胖的，然后蜕变成蛹。它们破蛹而出，就会变成蝴蝶。这时候翅膀就有大用场了——蝴蝶只有飞得更高更远，才能找到配偶，才能在合适的地方产卵，孵化出下一代。

24
为什么蝴蝶会飞，不会走？

（和英国生物学家尼克·克朗普顿博士一起回答）

蝴蝶会飞，也会走。下次看到蝴蝶的时候仔细观察一下，你会在它们纤细的身体下面发现又细又长的腿。再多观察一会儿，你就能看到蝴蝶会在花朵上走走停停，但是它们不会走太远。对于生活在花朵世界里的蝴蝶来说，在花丛中飞来飞去吸食甜美的花蜜，要比走来走去容易得多，也快得多。

25

太阳为什么那么亮?

（和英国剑桥大学物理学家
哈里·克利夫博士一起回答）

太阳之所以那么亮，是因为它产生了巨大的能量。每个小时，从太阳照射到地球上的光非常多，如果能充分利用，足够整个地球用上一整年。太阳每时每刻都在向太空发射大量的光。在太阳的中心，温度可以达到 1 500 万摄氏度左右！这么高的温度再加上巨大的引力，使得太阳内部的氢元素通过复杂的聚变反应，产生大量的能量和光。这些光从太阳中心出发，跨越星空，来到地球，照亮我们的世界。

26

太空中真的很黑吗？

**（和英国自然历史博物馆研究员
莎拉·拉塞尔教授一起回答）**

当你看到航天员在太空中的照片时，你会发现照片的背景黑乎乎的，但实际上，太空中并不黑，而是充满了光！在地球上，明亮的阳光会在空气中发生反射，反射的光进入我们的眼睛，使我们周围的每一处看起来都很明亮。在太空中，阳光不会四处反射，所以太空看起来总是很黑。但太阳一直在那里，不断地发射出超强的光束，会使一切都变得非常明亮。事实上，航天员常常要戴上金色的太阳镜来保护眼睛，以免被耀眼的光线伤害。

27 为什么螃蟹横着走?

螃蟹的腿长在身体两侧，膝盖向外弯曲，所以当它们侧身移动时，速度最快。这样，螃蟹可以迅速地钻到岩石和沙子下面，躲避天敌。而且，它们不需要靠奔跑去追捕猎物，因为它们吃的是其他动物的食物残渣。对于螃蟹来说，躲藏的本领更重要!

28 金字塔是怎样建造的?

（和英国历史学家贾斯汀·波拉德一起回答）

胡夫大金字塔总共用了200多万块巨大的石头，大约花了20年才建成。大多数石块是靠简单的铜制工具切割的。那些巨大的石头可能是工人们用类似雪橇的工具运到工地上的。历史学家认为，随着每一层石头的铺设，工人们会建造一个坡道，在不断增高的金字塔周围一层一层地盘旋向上，把石头拖上去。不仅如此，工人们还利用杠杆来移动巨石，最终建成了金字塔。当时，成千上万的人参与到了这项工作中。

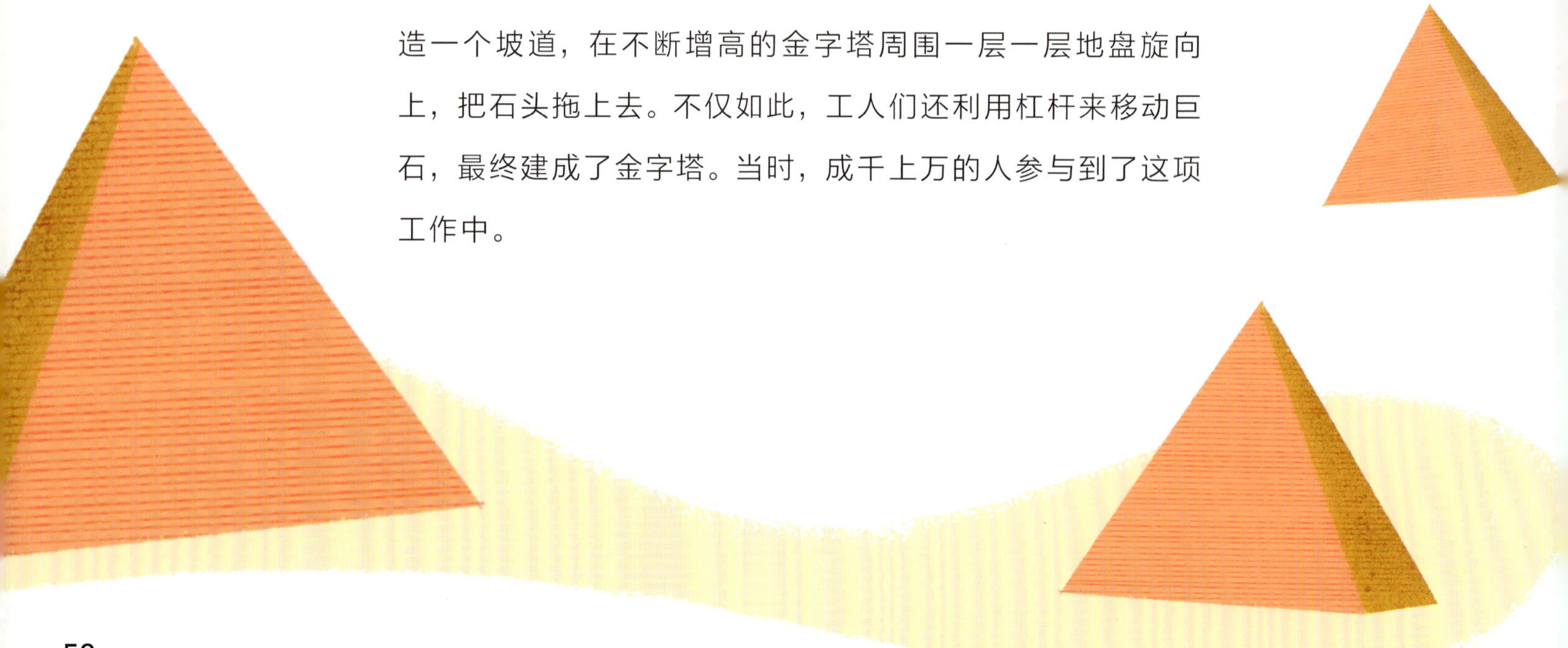

29

变色龙怎么改变颜色？

变色龙拥有这项神奇的本领，是因为它们有特殊的皮肤细胞。这种细胞叫虹色细胞，能反射不同颜色的光。变色龙放松皮肤时，这种细胞反射蓝光；变色龙收紧皮肤时，这种细胞反射黄、橙或红色的光。通过皮肤的松紧变化，变色龙不仅能变色，而且会变得斑斓多彩。真是太厉害了！

你知道吗？

大多数变色龙会根据情绪变化而改变颜色。还有些变色龙通过改变颜色来控制体温——深色能吸收大量阳光，使体温升高；而浅色则会反射阳光，让它们保持凉爽。

30

创意从哪里来？

创意无处不在。但是创意只是一个想法，直到你动手把它变成现实，那才是奇迹开始的时刻！重要的是，做你喜欢的事情，无论好奇心引领你去哪里，请跟随它。如果你有个好创意，就把它写下来，就算它还不够完美也没关系。你可以跟朋友分享你的创意，或者开始实现它——不管是进行一项发明、制作一块风味独特的蛋糕，还是创作一幅画、分享一本书，比如分享你正在读的这本书。

“事实是，我真的不知道答案。创意随时都可能出现——当我洗澡或购物时，或者当我开车听到收音机里响起一首歌时。创意一出现，我就马上记下来——可能只有两三个字——我这么做是因为，创意就是脑海中的一个小火花，来得快，消失得也快。我的孩子们是我创意的一大来源。他们是了不起的读者，有着非常生动的想象力！而且，这个世界上不存在愚蠢的创意！”

——英国畅销书作家和画家罗布·比杜尔夫

你知道吗？

在罗尔德·达尔开始写关于玛蒂尔达的故事之前，玛蒂尔达已经在他的脑海里存在了20年，他花了很长时间才把故事写好。所以，永远不要放弃你的创意。

“我曾经以为，只有非常聪明的人才有创意。在我的想象中，他们只是扫了一眼空白的纸，然后他们的话就脱口而出了。但我创作得越多就越明白，根本不是这么回事。创意会从各种令人意想不到的地方涌现出来。我的大部分人生都是在冒险，无论离家很近还是很远。我作品中的一些地名，是我从家附近的路标上选取的；有些场景和情节，是我根据亲身经历改编的，比如赶着拉雪橇的狗穿越北极，或者在蒙古国与哈萨克族金雕猎人一起生活。但故事创作偶尔也可能来自白日梦。你所需要的，只是一个还没有被其他人发现的想法……”

——英国儿童文学作家阿比·艾尔芬斯通

致 谢

下列专家、作家帮助我回答了本书中的一些问题，在此特别感谢他们。

凯特 · 马丁
英国海关官员

尼克 · 卡鲁索
美国野生动物保护博士后

丹 · 斯诺
英国著名历史学家

尼克 · 罗斯
意大利艺术史教师

约翰 · 米钦森
英国作家

艾丹 · 奥汉伦
爱尔兰国家博物馆昆虫学家

玛丽娜 · 福格尔
英国作家、播客制作人

克里斯 · 范 · 图莱肯 博士
英国医生

艾米 · 戴维
英国伦敦科技馆研究员

菲利普 · 霍尔 教授
英国作家、艺术家

马库斯 · 杜 · 索托
英国牛津大学数学家

詹姆斯 · 麦克莱恩
英国伦敦自然历史博物馆
高级策展人

克里斯 · 奇蒂克
美国风暴研究专家

道格 · 米勒德
英国伦敦科学博物馆副馆长

维姬 · 道森
英国儿童睡眠慈善机构创始人

莎拉 · 拉塞尔 教授
英国伦敦自然历史博物馆研究员

丹尼尔 · 乔治 教授
英国曼彻斯特大学

戈登 · 布坎南
英国野生动物摄影师

贾斯汀 · 波拉德
英国历史学家

“鳄鱼乔”
英国爬行动物爱好者

艾玛 · 凯勒 博士
食品公司可持续发展部门主管

威尔 · 牛顿
英国儿童博物馆馆长

阿拉斯代尔 · 平克顿
英国地理学家

阿尔夫 · 杜布斯 勋爵
英国社会名流

尼克 · 克朗普顿 博士
英国生物学家

哈里 · 克利夫 博士
英国剑桥大学物理学家

罗布 · 比杜尔夫
英国畅销书作家和画家

阿比 · 艾尔芬斯通
英国儿童文学作家

一天一问奇趣小百科

谁是第一位艺术家？

[英]莫莉·奥德菲尔德 著　英国快乐瓢虫出版公司 绘　洪宇 译

GUANGXI NORMAL UNIVERSITY PRESS
广西师范大学出版社
·桂林·

YITIAN YI WEN QIQU XIAO BAIKE　SHUI SHI DIYI WEI YISHUJIA？
一天一问奇趣小百科　谁是第一位艺术家？

出版统筹：	汤文辉	责任编辑：	宋婷婷	美术编辑：	刘淑媛
品牌总监：	李茂军	特约编辑：	刘　岩	特约设计：	王　倩
选题策划：	李茂军	版权联络：	郭晓晨	营销编辑：	李倩雯
	戚　浩		张立飞		赵　迪
责任技编：	郭　鹏				

图书在版编目（CIP）数据

一天一问奇趣小百科．谁是第一位艺术家？/（英）莫莉・奥德菲尔德著；英国快乐瓢虫出版公司绘；洪宇译．--桂林：广西师范大学出版社，2022.12（2023.3 重印）
书名原文：Everything Under The Sun
ISBN 978-7-5598-5469-8

Ⅰ．①一…　Ⅱ．①莫…　②英…　③洪…　Ⅲ．①科学知识－少儿读物
Ⅳ．①Z228.1

中国版本图书馆 CIP 数据核字（2022）第 184766 号

广西师范大学出版社出版发行
（广西桂林市五里店路 9 号　邮政编码：541004
网址：http://www.bbtpress.com）
出版人：黄轩庄
全国新华书店经销
北京博海升彩色印刷有限公司印刷
（北京市通州区中关村科技园通州园金桥科技产业基地环宇路 6 号　邮政编码：100076）
开本：965 mm × 1 194 mm　1/16
印张：4.25　　　字数：80 千字
2022 年 12 月第 1 版　　2023 年 3 月第 2 次印刷
定价：168.00 元（全 4 册）

作者序

这是一本美丽的书，它源自我的个人播客网站。作为一名儿童科普作家，我在这个网站上设立了一个问答栏目，世界各地的小读者们都可以在这里留下他们的问题。我每周会挑选3个问题，在请教相关专家后进行解答。

每天早上，我都会满怀期待地去看看，孩子们又给我出了什么难题。他们的问题真是包罗万象：

虎鲸和蓝鲸能聊天吗？

长颈鹿真的不能发声吗？

最大的恐龙是哪种？

海洋里有多少塑料？

人类的第一批艺术家生活在什么时候？

哇，这真是一种有趣的开启全天美好生活的方式！

后来，某一天，我忽然想到可以编一本书，分享我思考和答疑的乐趣。于是，这本书就这样诞生了！它回答了来自孩子们的366个问题，每天1个，就连闰日那天都没有落下。

这本书是对大千世界的礼赞，而且它的意义远不止于此！

我与艺术史专家探讨人类为什么要创造艺术，艺术又不能吃；我与厨艺大师讨论为什么人感冒了味觉就会发生变化；我与环保活动家讨论树木为什么那么重要……

这本书的字里行间充满了孩子们的好奇与妙想，我希望你能喜欢它。我还希望，那些天天被孩子们的奇怪问题轰炸的祖辈、父母和叔叔阿姨，能从这本书中获得一些帮助——它不仅能回答孩子们的问题，也能满足成年人的些许好奇心。

想让好奇心引领你进入美丽的新世界，就从翻开本书的这一刻开始吧！

爱你们的

莫莉

十 月

十一月

十二月

1

树叶是怎么长出来的？

（和英国园艺专家杰斯·埃文斯一起回答）

所有的生物都是由细胞组成的，换句话说，细胞是组成生物的“积木”。植物内部有一些叫分生组织的细胞。在植物的一生中，这些细胞能持续或周期性地分裂，产生新细胞。随着植物的生长，它们体内的一些特殊化学物质会改变单个细胞的发育方式，包括它的形状、功能和生长方向。比如，植物茎上的细胞分裂形成最初的突起，接着向长、宽、厚三个方向生长，最终长成叶子。

2

世界上有多少棵树？

世界上有超过 3 万亿棵树，平均每一个人可以拥有大约 400 棵树。

3

为什么树会掉叶子？

（和英国某自然公益团体创始人
卡伦·莱顿一起回答）

不是所有的树都会掉叶子，会掉叶子的树叫作落叶树。树木需要养分和水来提供生长所需的能量。在阳光充足的春季和夏季，树叶可以通过光合作用把阳光转化为树木的养分，这是一项神奇的工作。然而，在秋季和冬季，日照时间缩短，光合作用合成的养分变少。对于树木来说，与其耗费大量养分来供养美丽的叶子，还不如让它们纷纷飘落，节省能量来熬过寒冷的冬天。

4

为什么有些树叶在秋天会变红？

（和英国某自然公益团体创始人
卡伦·莱顿一起回答）

落叶树在落叶之前，会把叶子中的养分吸收并储存起来，留着以后使用。所有绿色植物中都有一种绿色色素，也就是叶绿素。它有一种超能力，能帮助叶子从阳光中获取能量并转化成糖。秋冬两季的日照较少，落叶树中的叶绿素也会慢慢减少。一旦树叶中其他的色素比叶绿素多，树叶就会呈现出其他的颜色，比如黄色、橙色或红色。

5

熔岩是怎么变硬的?

熔岩是一种液态的岩石。地球深处的温度很高，可以熔化岩石。在地下时，那些熔化的岩石被称为岩浆，等它们从火山口喷出地表以后，就被称为熔岩。熔岩冷却后会变硬。通常情况下，熔岩的表层冷却得很快，会形成一层硬壳。大概在其喷出地表 15 分钟后，人就可以在上面行走了。硬壳会使熔岩内部的热量散失得较慢，并继续流动。人们可以把冷水泼到熔岩上，让它冷却得更快，但那会浪费大量的水。

你知道吗?

有的熔岩真的很厚，大约有 30 米，可能需要好几年才能彻底变硬。

6

维苏威火山爆发时，庞贝城的一些建筑是怎么幸存下来的？

（和意大利学者尼克·罗斯一起回答）

公元 79 年，维苏威火山喷发了。当时的庞贝城居民认为火山是死火山，所以当火山灰出现的时候，他们没当回事。当地海军舰队的司令老普林尼决定去庞贝城视察灾情。在起航之前，他还轻轻松松地吃了午饭，然后睡了个觉，洗了个澡。但是，等他到达那里的时候，天空中飘落的不再是火山灰而是碎屑了。这是很致命的。

火山灰与碎屑连续落了好几天，完全覆盖了建筑物。不过，它们落下来的时候很轻柔，而且温度不是很高。所以，大部分建筑物都保存了下来。在接下来的几年里，雨水使火山灰与碎屑在阳光下变得像水泥一样坚硬。

公元 1748 年，人们发现了庞贝城。如果当时是燃烧的熔岩覆盖了庞贝城，那么所有的建筑物都会被摧毁，一切将不复存在，我们对古罗马帝国人民的日常生活也就不会有那么多的了解了。

你知道吗？

历史学家估计，大约有 20 000 人在庞贝城遇难，其中包括老普林尼。

7 赤狐的毛都是红色的吗？

赤狐的毛实际上有很多种颜色，除了红色，还包括黄色、棕色、银色和黑色等其他颜色。而且，它们毛中红色的浓淡深浅也有所不同。一只赤狐的毛具体是什么颜色的，完全取决于它的生存环境——这种毛色的变化可以帮助赤狐与周围环境融为一体，从而躲避猎人和天敌的捕食。

8 为什么男人也有乳头？

大多数雄性哺乳动物都有乳头，尽管不能分泌乳汁。当人类胎儿刚刚开始在妈妈的肚子里生长时，他被称为胚胎。大约在刚开始的6个星期里，所有胚胎看起来都是一样的，他们都会发育出乳头。之后，胚胎发育才开始显现出性别特征，一部分胚胎会长成男婴，但这时他们已经有乳头了。

9 恐龙迪皮是雌性还是雄性？

（和英国伦敦自然历史博物馆古生物学家保罗·巴瑞特教授一起回答）

化石恐龙迪皮是英国伦敦自然历史博物馆的著名藏品。科学家其实并不知道它是雌性的还是雄性的，因为不同性别的恐龙化石看起来几乎没有差别。只有在恐龙化石体内发现恐龙蛋化石时，科学家才有可能判定它是雌性恐龙。

10

太空中有多少颗人造卫星?

人造卫星是指围绕地球或其他行星运行的小型航天器。联合国有一份档案，叫《外层空间发射物在线索引》。这份档案显示，截止到2019年年初，一共有4 987颗人造卫星围绕地球运行，还有7颗围绕其他行星运行。

你知道吗？

现在人们大概每年都会发射好几百颗人造卫星。

11

鲸怎么睡觉?

鲸在海水中垂直或平躺着休息，有的鲸能一边缓慢地游动一边睡觉。它们只是半睡半醒，所以不会忘记要浮出水面呼吸。鲸在睡觉时，半个大脑在打瞌睡，半个大脑在醒着。

12

有在夜间活动的鱼吗?

（和英国伦敦自然历史博物馆高级策展人詹姆斯·麦克莱恩一起回答）

有很多！这些鱼大多颜色单调，眼睛比较大，比如金鳞鱼是橙色的，与在白天活动的、而体形差不多的鱼相比，金鳞鱼的眼睛几乎有3倍大。

你知道吗？

蟾鱼白天把自己埋在沙子里，晚上出来活动。雄蟾鱼追求雌蟾鱼时，会冲着对方发出非常大的呱呱声。

13

人类是从什么时候开始穿衣服的?

人类学家推测，当人类的毛发越来越稀疏，不再能抵御严寒时，人类就开始把动物的毛皮穿在身上当衣服了。通过对虱子进行基因测试，人类学家猜测人类学会穿衣服是在大约 17 万年前。因为从那时起，虱子分化成了两个种类，一种生活在人的毛发里，另一种生活在衣服上。

你知道吗？

人类是从什么时候开始为了时髦而穿衣服的呢？可能是34 000年前。在格鲁吉亚高加索山脉的祖祖纳山洞里，考古学家发现了一种彩色的亚麻纤维，可被用来制作衣服。这说明那一时期的衣服可能不再仅仅用来御寒，还逐渐成为时髦的象征。

14

猿和猴子有什么区别?

猿和猴子都是灵长类动物。灵长类动物都有手、像手一样的脚以及向前的眼睛，它们大部分生活在树上。猿没有尾巴，而大多数猴子有。猿的体形通常比猴子大，它们的大脑也更大，寿命更长。猿喜欢在树木间摇来荡去，而猴子则只喜欢沿着树枝四处攀爬、奔跑。

你知道吗？

猴子和猿的种类有很多。猴子包括狒狒、卷尾猴、猕猴和长尾猴等。猿包括大猩猩、黑猩猩、红毛猩猩、倭黑猩猩和长臂猿等。

15

猴子为什么爱爬树?

（和英国伦敦皇家兽医学院
爱丽丝·丹瑟博士一起回答）

大多数猴子的一生或一生的大部分时间是在树上度过的。它们的食物几乎都在树上。比如，疣猴花时间在树枝间跳来跳去，就是为了寻找美味的叶子吃。另一方面，猴子爬树也是为了躲避其他动物的捕食，树木浓密的枝叶能为它们提供遮挡。

16
为什么撞到胳膊肘时，我们会感到很疼？

我们的胳膊肘上有一根神经叫尺神经，它从我们的脊柱开始，沿着上臂的一根叫肱骨的骨头，一直延伸到手上。神经通常有骨骼和肌肉的保护，但在胳膊肘这里，尺神经有一小段没有受到保护。所以，如果撞到它，我们就会感到很疼。

你知道吗？

在英语中，大家有时会开玩笑说肱骨是“幽默骨”，因为“肱骨（humerus）”和“幽默（humorous）”的英文单词有点儿像。

17
为什么伤口愈合后会留下疤痕？

皮肤受伤后，我们的身体会向伤口输送胶原蛋白，帮助伤口修复。胶原蛋白坚韧而洁白，能像手术缝合线一样，把破裂的皮肤重新连接在一起。通常，伤口会结痂以保持内部清洁。而伤口愈合后，新长出皮肤的内部胶原蛋白结构和正常皮肤的不一样，就形成了疤痕。

18
水豚会发出什么声音？

水豚会发出很多种声音。当它们兴奋时，它们会发出咔嗒声，有点儿像啄木鸟啄树干时的声音；当它们焦虑时，它们会像狗一样狂吠或发出低沉粗哑的叫声；当它们决定去某个地方时，它们会来一场“大合唱”，那简直就是尖叫声、口哨声和咔嗒声的大杂烩！

你知道吗？

水豚也可以用其他方式进行沟通——它们会在树木和杂草上留下气味来相互传递信息。

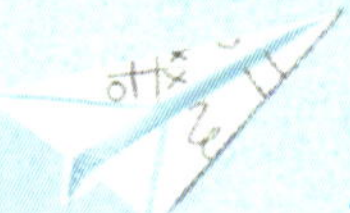

19
谁发明了第一架飞机?

历史上第一架真正意义上的飞机是由威尔伯·莱特和奥维尔·莱特两人合作发明的，两人是兄弟。1903 年 12 月 17 日，他们制造的飞机进行了第一次受人为控制的飞行试验。飞机起飞时，奥维尔·莱特趴在机翼上，并搭乘飞机飞行了 12 秒！那一天，在美国北卡罗来纳州的基蒂霍克，莱特兄弟又进行了 3 次短途飞行。

你知道吗?

莱特兄弟发明的飞机现在收藏在美国华盛顿特区的美国国家航空航天博物馆中。

20
飞机是怎样飞行的?

(和英国伦敦科学博物馆副馆长道格·米勒德一起回答)

飞机必须有发动机，这样才能离开地面并在空中飞行。飞机飞行的真正秘诀就是把机翼设计成一种特殊的形状，这种形状会让空气向上流动，从而将飞机托起来。

21 世界上的第一个魔术是什么？

目前已知的第一个魔术被记录在莎草纸上，那是一份古埃及文献，包含了几个故事。在其中一个故事里，法老胡夫（胡夫金字塔就是他的陵墓）请一位名叫德迪的魔术师表演魔术。德迪取下一只鹅、一只鸭和一头公牛的头，然后又让它们复活了。但是，这个魔术现在不那么流行了。魔术师至今仍在表演的最古老的魔术叫“杯与球戏法”，已经有几千年的历史了。在中国，它还有一个更别致的名字——三仙归洞。

22 世界上有多少只兔子？

（和英国伦敦自然历史博物馆高级策展人罗伯托·波特拉·米格斯一起回答）

没有人知道世界上有多少只兔子——要把它们数清楚是非常困难的。全世界的农场里，有超过十亿只兔子。此外，还有很多野生的兔子。世界上现有150多种兔子，可能还有很多种类没被发现。所以，如果这个数字在未来增加了，大家也不要感到惊讶哟！

23

为什么熊整个冬天都在睡觉，是因为它们怕冷吗？

熊有厚厚的皮毛来保暖，所以如果只是因为怕冷，它们没有必要整个冬天都在睡觉。熊从不挑食，昆虫、浆果、坚果、蜂蜜、肉和鱼，它们都吃。夏天，食物很丰富，它们长得很壮。但是到了冬天，就没那么多食物了。所以，它们会蜷缩在洞穴里睡觉，来减少身体的消耗，度过食物短缺的冬天，而且一睡就是几个月。在这段时间里，它们靠储存在身体里的能量活着。

你知道吗？

棕熊妈妈通常会在冬天产崽儿，小熊宝宝可以靠着妈妈的奶水度过冬天。等春天到来的时候，小熊就会跟着妈妈去探索外面的世界。

你知道吗？

在洞里睡觉时，熊不吃、不喝、不撒尿，也不拉㞎㞎。它们用一个“塞子”堵住自己的屁股，这个“塞子”是由它们自己的粪便、毛皮、熊掌上的皮肤碎屑及柔软的植物组成的。等到春天到来时，它们就会把“塞子”排出去！

你知道吗？

在世界上许多地方都能找到洞穴。你到洞穴里游览过吗？

24

洞穴是怎样形成的？

（和美国加州大学洞穴研究专家
艾伦·卡农一起回答）

大多数洞穴是由石灰岩构成的。这种岩石很硬，不过，它们会被雨水侵蚀。雨水从石灰岩的裂缝中渗入，随着时间的推移，裂缝便越来越大，直到有一天，大到人们可以随意进进出出——这样，洞穴就形成了。洞穴里的水最终会流到外面的世界，如果是从附近的山坡上流出，就会形成一股叮叮咚咚流淌的清泉。

25

蝙蝠为什么看不见东西?

（和英国伦敦自然历史博物馆高级策展人
罗伯托·波特拉·米格斯一起回答）

其实，蝙蝠并不是看不见东西。英语中"as blind as a bat（像蝙蝠一样视弱）"这类短语完全是错误的！有些蝙蝠的眼睛很大，比如果蝠；而有些蝙蝠的眼睛很小，比如食虫蝙蝠。无论眼睛是大是小，蝙蝠们的眼睛都是有用的。大部分果蝠依靠眼睛来分辨颜色，寻找可以吃的水果，以及在飞行过程中规避障碍物。而部分食虫蝙蝠由于拥有回声定位的能力，对眼睛的依赖降低，导致视觉能力退化，但在有光的环境中，眼睛依然可以对它们的飞行起到辅助作用。

你知道吗？

为了在黑暗中活动，一些蝙蝠会使用回声定位，就是发出频率很高的声音，然后收听反弹回来的回声。这样，不到一秒钟的时间，蝙蝠就能很清晰地了解周围的环境。

26

为什么蜘蛛不会被自己的网粘住呢？

即使是蜘蛛，它们在织网的时候，也会小心翼翼地尽量少触碰自己的网。它们只会用腿部尖端上的细毛触碰那黏黏的丝线。那些细毛的数量虽然不多，但既可以让蜘蛛抓住网不掉下去，又不会使它们被网粘住。苍蝇之类的昆虫就不一样了，它们的身体大面积触碰蜘蛛网就会被粘住，想逃脱可就难了。人类也是这样——当我们用手指碰蜘蛛网时，成片的皮肤会与蜘蛛网接触，所以黏黏的网就会粘在我们的手指上。

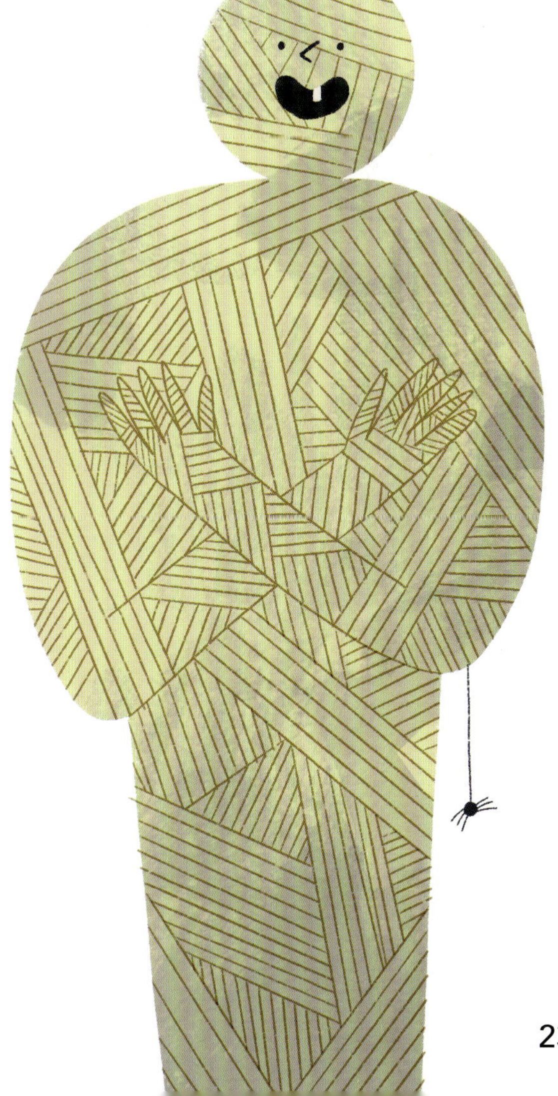

27

木乃伊为什么裹着绷带？

（和英国历史学家贾斯廷·波拉德一起回答）

古埃及人相信，人们死后还有机会重获新生。他们认为，一个人死后，灵魂就离开了身体。但是，如果把身体保存下来，这个人就可以复活，并能进入另一个世界。古埃及是一个非常炎热的国家，保存尸体很困难。为了做到这一点，他们摘除了尸体的内脏并把尸体擦干，然后，用涂有防腐剂的绷带将尸体严严实实地缠绕起来，这样尸体就不会腐烂了。人们认为，这样做，去世的人便可以找到他们的身体，并在来世再次使用！

28

毒蛇是怎么制造和使用毒药的?

毒蛇不会制造毒药，但是会利用一种叫毒腺的器官制造毒液，跟我们制造唾液的方式有点儿像。有些毒蛇有中空的毒牙，就像注射器的针头一样。毒牙连着毒腺。当毒蛇用牙齿咬住别的动物时，毒腺附近的肌肉就会收缩，从而把毒液通过毒牙注射到对方的身体里。

你知道吗?

喷毒眼镜蛇能把毒液喷到3米远的地方。

29

毒液和毒药有什么区别?

（和英国爬行动物爱好者“鳄鱼乔”一起回答）

毒液是指含有毒素的液体，必须通过蜇咬、叮刺或接触伤口进入其他动物体内；毒药是指能危害生命并引起死亡的药物，通过嘴巴、鼻子、眼睛或皮肤进入身体。蛇通过毒腺分泌毒液，而蝎子和蜜蜂通过毒腺和副腺分泌毒液，蟾蜍则通过头上的耳后腺分泌毒液。毒药一般是人工制成的。

30 南瓜灯是怎样做出来的？

秋天是收获的季节，人们会选择金灿灿、胖鼓鼓的南瓜给孩子制作各种各样的玩具。制作南瓜灯非常简单。首先，选择南瓜表面比较光滑的一面，用笔在上面画好图案，再拿小刻刀沿着画好的线条雕刻出立体形态，然后在南瓜的顶端挖个小洞，将南瓜的瓜瓤掏出来，最后在清理干净的南瓜里放上蜡烛即可。

31 谁发明了“不给糖就捣蛋”歌？

大约 2 000 年前，欧洲的爱尔兰地区生活着古代凯尔特人。在庆祝冬季开始的节日时，古代凯尔特人会让孩子们打扮得稀奇又古怪，提着南瓜灯挨家挨户索要糖果。孩子们敲开一扇门就会搞怪地说“不给糖就捣蛋”，其实这句话还有下一句——“快拿好吃的招待我”。古代凯尔特人崇拜精灵，这样做是希望用食物讨好精灵，不让精灵来捉弄他们，体现了某种仪式感。然而现在，这句话只是帮助孩子们拿到更多的糖果而已。

1

如果冰融化了，北极熊会去哪里?

这是一个很好的问题，答案却会让人感到很悲伤。北极熊生活在北极地区，冰是它们的家园。所以，如果那里的冰融化了，它们将无家可归。北极熊的主要食物是海豹，它们需要利用海冰来捕猎。如果海冰消失了，它们就抓不到猎物了。大块头的北极熊胃口很大，需要吃很多食物来维持生命。它们每 10 天就得吃 1 只成年海豹或十几只海豹幼崽。现在，由于北极的冰变少了，北极熊要经常通过游泳去觅食。而游泳需要消耗更多的能量，北极熊有时会因此而饿肚子，这样就增加了生存的难度。

如果北极的冰层继续以目前的速度融化，到 2050 年，世界上的北极熊数量可能会减少 1/3。这太可怕了！我们必须采取行动应对气候变化，减缓全球变暖和海冰融化，这样，我们才能继续生活在一个有北极熊的世界里。

2

北极光是怎么产生的？

如果你运气好的话，在靠近北极的地区，比如冰岛、格陵兰岛、斯堪的纳维亚半岛、阿拉斯加和加拿大的北部，可能会看到美丽的北极光。那是一条条绚烂斑斓的光带，在夜空中飘荡。当太阳风——来自太阳的带电粒子流——撞击地球磁场时，魔幻的北极光“灯光秀”就会上演。磁场保护着地球，它把太阳风推向南北两极。在南北两极，太阳风与大气中的氧和氮发生反应，就产生了色彩绚丽的极光。

3

世界上的恐龙都去哪儿了？

（和英国伦敦自然历史博物馆古生物学家保罗 · 巴瑞特教授一起回答）

大约 6 600 万年前，一颗巨大的小行星撞击了地球，使得大多数恐龙灭绝了。好消息是，现在恐龙仍然“活”在我们身边：向窗外看看吧，那些飞来飞去的鸟儿，就是恐龙的后代。鸟类的直系祖先就是恐龙。

4

为什么恐龙灭绝了，有些动物却活了下来？

（和英国伦敦自然历史博物馆古生物学家大卫 · 巴顿博士一起回答）

小行星撞击地球后，引发了全球性的森林大火和酸雨，地球上 75% 的生命都灭绝了，其中恐龙占了大多数。这主要是因为植物死亡后，大型食草恐龙相继饿死。然后，食肉恐龙也饿死了。那些以腐尸为食的动物却能够找到充足的食物，得以存活下来，比如一些昆虫、蠕虫和蜗牛等，它们仍然能找到足够的食物。还有很多小型哺乳动物、鸟类、爬行动物、两栖动物和鱼类都幸存了下来。

5

烟花为什么那么好看？

烟花大约是 1 000 年前在中国发明的。中国人先发明了火药，然后利用火药制造了烟花。烟花中的火药被分为两部分，一部分通过导火索点燃后猛烈喷发，“嗖”的一声把烟花发射到几十米的空中；随后，另一部分会“砰”的一声在空中炸开。烟花那么缤纷绚烂，是因为爆炸的火药里掺入了不同种类的金属粉末，它们燃烧时会发生化学反应，从而呈现出不同的颜色。

6

为什么星星会在夜空中闪闪发光？

（和英国伦敦科学博物馆副馆长道格·米勒德一起回答）

我们看到的星星大部分是恒星，它们离我们非常遥远，但我们仍可以看到它们。恒星像是一个气体球，里面的气体，如氢、氦，会发生核聚变反应。氢是一种非常轻的气体，当它燃烧时，会发出大量的光和热。这就是星星闪闪发光的原因。

7

大象为什么会跺脚?

当大象跺脚时，它们通常是在警告其他大象有危险。大象可以利用脚进行长距离沟通——最远可达30多千米！它们跺脚产生的轻微震动可以通过地面传播，而在远处的大象能通过脚感觉到这些震动。

8

为什么有些动物有两条腿，有些有四条腿?

（和英国伦敦自然历史博物馆脊椎动物馆馆长西蒙·洛德博士一起回答）

有的动物有很多条腿，比如昆虫；有的动物没有腿，比如蛇和蚯蚓。除了它们，大多数陆生动物都有两条腿或四条腿。腿的数量之所以是偶数，是因为这样可以很容易地向左或向右转弯。人类用两条腿来走路，用两只手臂做其他事情。而对于其他陆生动物来说，用四条腿去追捕猎物或者摆脱追捕，更加合适。

9

为什么动物会大便?

动物大便的原因和你一样——为了排出体内的食物残渣。大多数动物大便的时间约为12秒。

你知道吗?

大象的大便真的很大——比狗的大便要大1 000倍！袋熊的大便是四四方方的小方块。有时，为了吸引异性，河马会甩动尾巴，把大便弄得到处都是。

10

为什么彩虹有那么多颜色?

你有没有发现，彩虹通常在雨过天晴的时候出现? 阳光包含彩虹的所有颜色——红色、橙色、黄色、绿色、蓝色、靛蓝和紫色，只是我们平时看不见。如果下雨时出了太阳，阳光会照射到每一滴雨滴上。阳光进入雨滴，先减速并折射一次，然后在雨滴的背面反射，最后离开雨滴时再折射一次，总共经过一次反射、两次折射。这样，阳光就会分散成许多颜色。其实，在红色和橙色之间还有多种差别细微的颜色，但为了简便，通常只用上述 7 种颜色来描述彩虹。

11

为什么雪花是白色的?

雪花看起来是白色的，但实际上它们是透明的，因为它们把所有颜色的光线都反射出去了。雪花由透明的冰晶构成，所有的光线都可以在冰晶之间反射，然后从冰冷的雪花中反射进入我们的眼睛。各种颜色的光线混合在一起，在我们看来，就是白色的。

12

为什么天空是蓝色的?

太阳光像波浪一样运动。不同颜色的光波有不同的波浪，也就是波长。其中蓝色光的光波较短，红色光的光波较长。地球大气层就像包裹着地球的气体罩子，当阳光照射大气层时，光波会向各个方向传播。较短的蓝色光波最容易被大气分子散射出来，因此，天空通常看起来是蓝色的。这一现象被称为瑞利散射，以科学家瑞利勋爵的名字命名，他是第一个发现光波散射的人。

13

为什么太阳是橙色的?

（和英国科技馆研究员艾米·戴维一起回答）

从太空拍摄的照片中看，太阳是白色的，但从地球上看，它通常是橙色的，尤其是在早晨和黄昏时分。这与天空看起来是蓝色的原因相同——大气散射了阳光。大多数蓝光被散射掉了，所以，照射到我们眼中的大多是橙色和红色的光波，尤其是当太阳升起和落山时。

14

如果游隼和猎豹赛跑，谁会赢？

在野外，猎豹的最高速度是每小时 110 千米。有记录显示，它们的平均速度是每小时约 93 千米。它们跑得慢一点儿，是为了更好地转向。

当游隼向地面俯冲时，它们的速度竟然能达到每小时 390 千米！不过，正常飞行时，游隼的飞行速度约为每小时 50～100 千米。

所以，如果非要让它们比一场的话，游隼就不得不在猎豹旁边直线飞行。那将是一场激烈的竞赛，游隼可能会赢。但如果对手是一只速度非常快、身体健康的猎豹，那么猎豹也可能会赢。

你知道吗？

有一位环保人士养大了一只猎豹幼崽儿，他测量的猎豹速度记录可能是最可靠的。他把一块肉绑在车的后面，然后开着车疾驰，而那只猎豹追赶的速度竟然达到了每小时 103 千米！

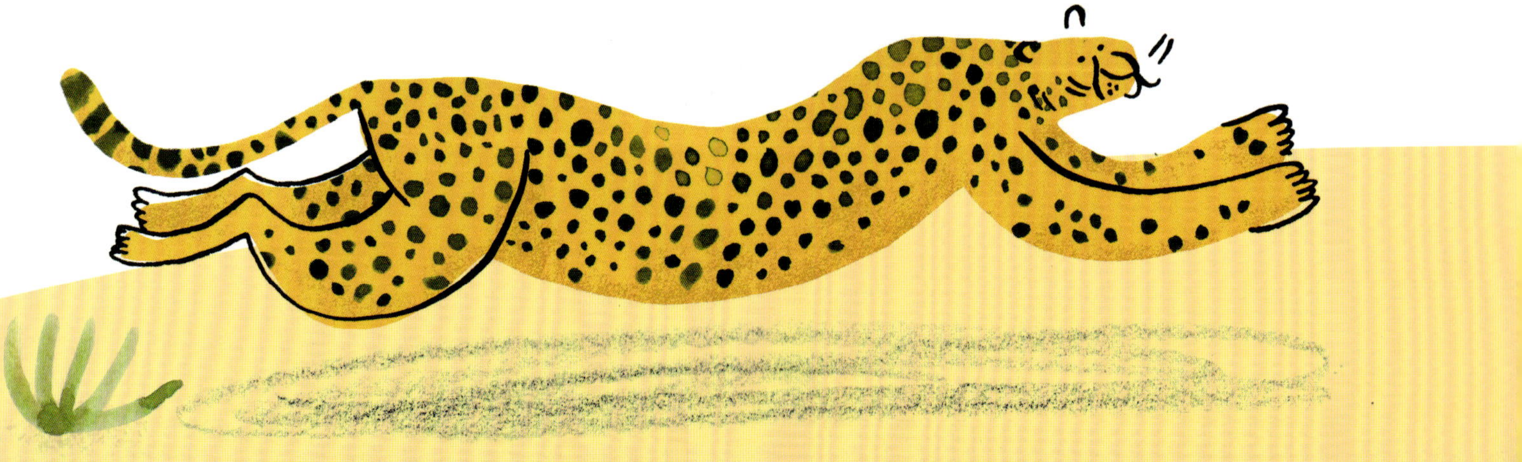

15

游隼是怎么捕捉猎物的?

游隼是不可思议的捕猎高手！它们发现美味的猎物后，就会从高空俯冲下来。游隼有尖尖的翅膀，它们会把翅膀紧贴住身体向下俯冲。游隼能轻松地在一秒钟之内扇动 4 次翅膀！它们的眼睛上方有一个突起，可以像太阳镜一样遮挡阳光。那里还有一块特殊的骨头，可以在游隼快速移动时把眼睛固定在适当的位置。最后，游隼会用锋利的爪子和尖锐的喙杀死猎物。

你知道吗？

游隼俯冲的速度实在是太快了，以至于吸入的空气可能会撑爆它的肺。不过，不用担心，因为游隼的鼻孔里有一个特殊的锥形结构，可以让气流平顺地进入体内。这个结构十分巧妙，人类的工程师模仿这种结构设计了喷气式发动机的部件。

16 为什么乌龟大多是绿色或棕色的?

因为绿色和棕色是很好的保护色，能帮助乌龟和周围的树叶、树木以及岩石融为一体。这样，捕食者就不容易发现它们了。很多动物都进化出了类似的保护色。

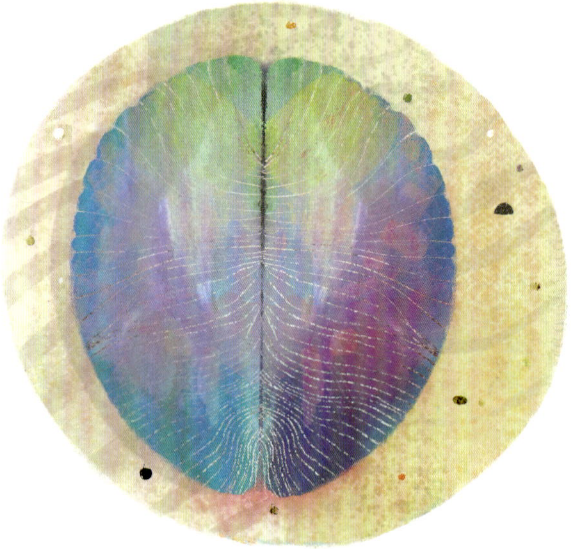

17 为什么人类不能转动耳朵?

猫、狗和马等动物都可以把耳朵朝着声音传来的方向转动。我们的祖先也可以这样做，但现在我们已经不需要这样做了。大约只有 10% ~ 20% 的人可以转动耳朵。如果好好练习，你或许能学会这项本领。不过，这项本领通常是天生的。

18 最早的动物是什么样子的?

科学家认为，狄更逊水母可能是最早的动物之一。这是一种长度能达到 1 米的古老动物，其椭圆形的身体有点儿像餐盘。在俄罗斯白海附近的海岸，科学家发现了狄更逊水母的化石，估计它生活在 5 亿年前。

19

为什么要给马钉马蹄铁？

（和英国作家、记者克洛弗·斯特劳德一起回答）

马蹄铁就是马的金属鞋子。当马驮着人或货物行走时，马蹄铁可以保护它们的蹄子，尤其是在坚硬的路面上，这种保护作用更显著。历史学家认为，马蹄铁可能是古罗马人发明的。虽然名字叫“马蹄铁”，但现代的马蹄铁除了是铁制的，也有铝合金等其他金属制成的。

你知道吗？

有时，马蹄铁上会增加特殊的金属钉，就像足球鞋那样。这可以增加抓地力，防止马滑倒。

20

为什么蘑菇不喜欢阳光？

（和英国伦敦邱园真菌馆馆长李·戴维斯一起回答）

蘑菇喜欢水，但又不能像我们一样喝水——它们大多数时候只能从周围的土壤中吸收水分。当阳光充足时，土壤会变干，蘑菇就没法好好生长。所以，它们喜欢潮湿的环境。而且，蘑菇本身没有叶绿素，它们在生长过程中不进行光合作用，因此不需要阳光。

21

世界上最大的种子是哪种？

世界上最大最重的种子看起来像个大屁股，它是印度洋塞舌尔岛上一种稀有棕榈树的种子，每粒种子长约30厘米，重约25千克。

22
人为什么会死？

我们不知道人为什么会死，只知道万事万物总有终结的一天。当我们爱的人去世时，我们会感到无比悲伤。重要的是，要记住，感到悲伤是正常的，哭也没关系。你可以跟亲戚朋友聊一聊，因为记住他们是件美好的事。也许那样做太让你伤心了。你也可以用笔写下你的感受，或者画一幅画，或者通过其他方式来表达。尽管去做吧，不要犹豫。如果你感到悲伤，最好能跟你爱并信任的人谈谈心。

如果你的朋友失去了他们爱的人，你应该倾听他们的倾诉，这样能让他们觉得不那么孤独。当然，如果能让他们感到快乐，陪他们做些其他事情也没问题。

如何缅怀逝去的人？这样的问题可没有标准答案。有时候，你可能心情很好；有时候，你可能非常悲伤。你爱的人逝去了，但他将永远活在你的心里，活在你的记忆里。记住他，就是爱他。你可以和同样爱他的人一起回忆他，也可以在你心里与他交谈。每当你想起他时，他就在你身边。他一定会爱你的，就像你爱他一样。

23 为什么雪能捏成球，而冰不可以？

雪是由微小的冰晶构成的。当你用手捏雪时，冰晶会慢慢融化。当你停止按压时，融化的冰晶会重新结冰，把其余没有融化的雪冻结在一起，形成雪球。但是新下的雪却不容易捏成球，因为当时的温度很低，即使你用力压，冰晶也不会融化。这也是冰块不可以捏成球的原因——冰块太冷，无法像冰晶一样融化和再冻结。

24 我们为什么会打寒战？

打寒战是身体自我保护的表现。当周围环境温度变低的时候，人体的肌肉会很快抖动起来，以此来产生热量，使我们的身体暖和起来。

你知道吗？

如果用体温计测量体温，你会发现，除非生病了，否则你的体温总是在37℃左右。

25 鸟是怎么飞的？

（和南非鸟类学家乔·格罗塞尔一起回答）

鸟有一些非常重要的特点可以帮助它们飞翔，但最重要的两项是羽毛和体重。鸟的羽毛形状很完美，可以利用空气向上、向前移动身体。羽毛很轻，但很结实。覆盖在鸟身体上的羽毛能使它们的外形线条流畅。会飞的鸟骨头都很轻，而且也不像我们一样有那么多沉重的肌肉。鸟最强壮的肌肉是负责扇动翅膀的肌肉。

你知道吗？

有些鸟可以利用翅膀原地盘旋，比如蜂鸟。其他体形较大的鸟，比如鹰和信天翁，能够利用上升的暖气流或风飞得又高又快，但大多数鸟只能依靠一下一下地扇动翅膀飞翔。

26 什么鸟飞得最高？

黑白兀鹫可以飞到距离地面 11 300 米高的地方！它们有着惊人的视力，可以从超高的地方俯视地面寻找猎物，然后俯冲下来捕食。

27

鸟为什么要飞?

（和英国高级动物管理员苏西·海德一起回答）

与不会飞的动物相比，飞翔使鸟拥有巨大的生存优势和更广阔的生存空间。有些鸟会长途迁徙到气候更热或更冷的地方，以便全年都能在最适宜的温度下生存。有些鸟会为了寻找食物、水和伴侣长途迁徙。飞翔还使鸟可以在树梢和悬崖上筑巢并养育雏鸟，它们的天敌们很难到达那里，因此它们可以躲避捕食者。

28

鸟为什么那么怕人?

（和南非鸟类学家乔·格罗塞尔一起回答）

几千年来，人类一直捕猎鸟，并从它们的巢里偷取鸟蛋。因此，大多数鸟本能地认为人类是一种威胁，并与人类保持安全距离。有些鸟生活在没有任何天敌或人类的岛屿上，比如一些企鹅，它们并不怕人，甚至会出于好奇心主动接近人类。

29

谁是第一位艺术家？

（由英国视觉艺术家罗布·瑞安回答）

什么是艺术家？谁是艺术家？你说你是艺术家，你就是艺术家了吗？在很小的时候，你用手蘸上颜料，然后按在纸上。这样，你就创作了一幅画。即使你只有两三岁，你也是在做艺术家才会做的事！

很久以前，人们住在洞穴里。他们可能会把篝火的灰烬和水混合，然后用手指或树枝等蘸着混合液体在洞壁上画下印迹。有时，他们会画自己四处行走或打猎的场景；有时，他们只是像你小时候一样留下手印。也许，他们就是第一批艺术家！

30

我们为什么要进行艺术创作？

（由爱尔兰艺术家奥利弗·杰弗斯回答）

因为我们可以这样做呀！其他物种都只是为了活着而活着，但人类除了活着，还拥有空闲的时间和思考的能力。有了这些，我们就可以问一些深奥的问题，比如“我们为什么活着？”“我们要怎样活着？”等问题。我们思考，我们感受，我们表达，我们讨论，这些活动会让我们明白：我们能超越自己，我们拥有群体意识，我们不是孤立地为自己活着的个体。因此，艺术创作就成了人类能做的最有价值的事情之一。通常，我们在学会识字之前先学会了看图。在欣赏艺术作品时，我们常常能感受到语言和义字无法表达的东西。人类进行艺术创作，也可能只是为了享受一种单纯的快乐——在生活中欣赏和创造美。

1 宇宙大爆炸是什么时候发生的？

（和英国理论物理学家
吉姆·阿勒·哈利利教授一起回答）

宇宙大爆炸是一场巨大的爆炸，它创造了所有的空间和时间，以及构成恒星、星系和行星的所有物质。有很多证据表明，它发生在约 138.2 亿年前。如果你能回到那个极其遥远的过去，你会发现，那时的宇宙非常小，被压缩成了一个点。

2 为什么会发生宇宙大爆炸？

（和英国理论物理学家
吉姆·阿勒·哈利利教授一起回答）

科学家们一直在寻找答案。也许，在不久的将来，那位发现真相的科学家就是你！

3

宇宙大爆炸之前有什么？有行星吗？

（和英国理论物理学家
吉姆·阿勒·哈利利教授一起回答）

我们知道，宇宙起源于大爆炸，但我们不知道在那之前发生了什么，也不知道在那之前存在着什么。宇宙大爆炸可能是时间本身的起点，既然是起点，之前就不该有什么了。

一些科学家认为，大爆炸之前可能存在过某种东西。大爆炸只是我们所在的宇宙的开端，而我们的宇宙只是众多宇宙中的一个。或许有可能，不同的宇宙在一个更大的空间里不断涌现，它被称为多元宇宙。那么，在多元宇宙之前有什么呢？哦，我们还不知道！

4

为什么宇宙在不断膨胀？

（和英国理论物理学家
吉姆·阿勒·哈利利教授一起回答）

现在，我们知道，有一种叫暗能量的力量正在推动宇宙中的一切，使空间延展，但我们还不知道暗能量到底是什么！科学家们正在建造大型望远镜，以帮助我们更好地了解暗能量，搜集整理更多数据。那样科学家们或许就可以准确地解释，它为什么会导致宇宙持续膨胀了。

你知道吗？

科学家知道宇宙正在膨胀，因为当通过望远镜观察时，他们发现，遥远的星系正在不断地变得更加遥远。

5

最早的体育运动是什么?

这个恐怕很难确定，不过，有两项运动似乎比其他体育运动的历史更悠久——跑步和摔跤。在法国拉斯科，一些洞穴岩画描绘了这两项运动，时间大约是在 15 000 年到 17 000 年前。其他早期运动还包括射箭、游泳和相扑等。

你知道吗?

第一次有记录的古代奥运会是在公元前 776 年举办的，那届奥运会只有一个体育项目——赛跑。获胜者是一位叫克洛斯的厨师、面包师兼运动员。他赢得了这场全程 192.27 米的赛跑，成为第一位奥运会冠军。猜猜他的奖品是什么？一个橄榄花环!

6 为什么犰狳的脑袋那么小？

犰狳主要以昆虫为食，它们的头必须足够小，才方便在小小的虫巢里觅食。全球现存大约 20 种犰狳，它们的模样看起来差别很大，但身上都覆盖着能保护自己的骨质甲。

你知道吗？

倭犰狳又叫粉红仙女犰狳，是世界上最小的犰狳。它们有点儿像毛茸茸的小白鼠，背上的骨质甲是粉红色的。

你知道吗？

大犰狳能长到 1.2 米长，有好多牙齿——比其他哺乳动物的都多！

7 为什么北极没有企鹅，南极没有北极熊？

这是因为北极熊和企鹅的祖先就分别生活在北极和南极。北极熊生活在北极附近地区，大多数企鹅生活在南极附近的南极洲和邻近地区。它们各自生活在地球的一端，从来没有在野生环境中见过面——因为这两种动物都无法完成如此遥远的迁徙。

你知道吗？

在英语中，“北极（arctic）”这个词来源于希腊语，意思就是“熊”，而“南极（antarctic）”则是“没有熊”的意思。不过，古希腊人说的不是真正的毛茸茸的熊，而是大熊星座。星座就是在夜空中组成特定形状的一组恒星，大熊星座通常只有在北半球才能看到。

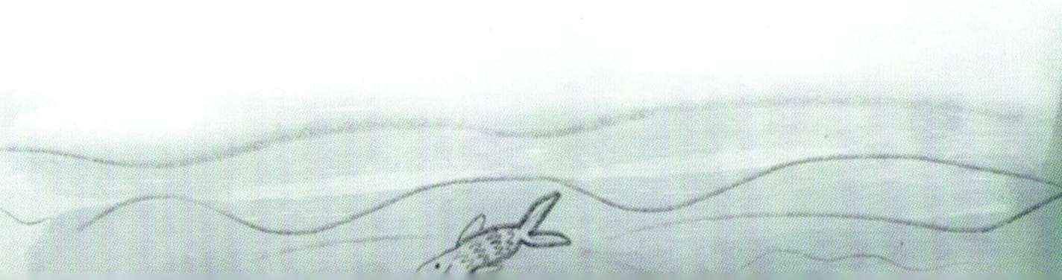

8

你怎么判断自己是否在做梦？

（和美国神经学家大卫·伊格尔曼一起回答）

简单的回答是：没有办法确定。2 000 多年前，中国哲学家庄子梦见自己是一只蝴蝶。他醒来后，思考了这样的问题："我到底是谁？是我作为庄子，梦见自己变成了蝴蝶；还是，我就是蝴蝶，梦见自己变成了庄子？"

或许，我们不需要其他证据，梦本身就有神奇的能力，能轻松地让大脑相信，梦见的就是真实的。

9

为什么到了晚上，我们会又困又饿？

我们的大脑有点儿像时钟，它会告诉身体什么时候起床，什么时候睡觉。晚上，大脑告诉身体该睡觉了，因为天黑了。如果在睡觉的时候感觉饿了，可能是因为我们白天没有吃到足够多的美味健康的食物。

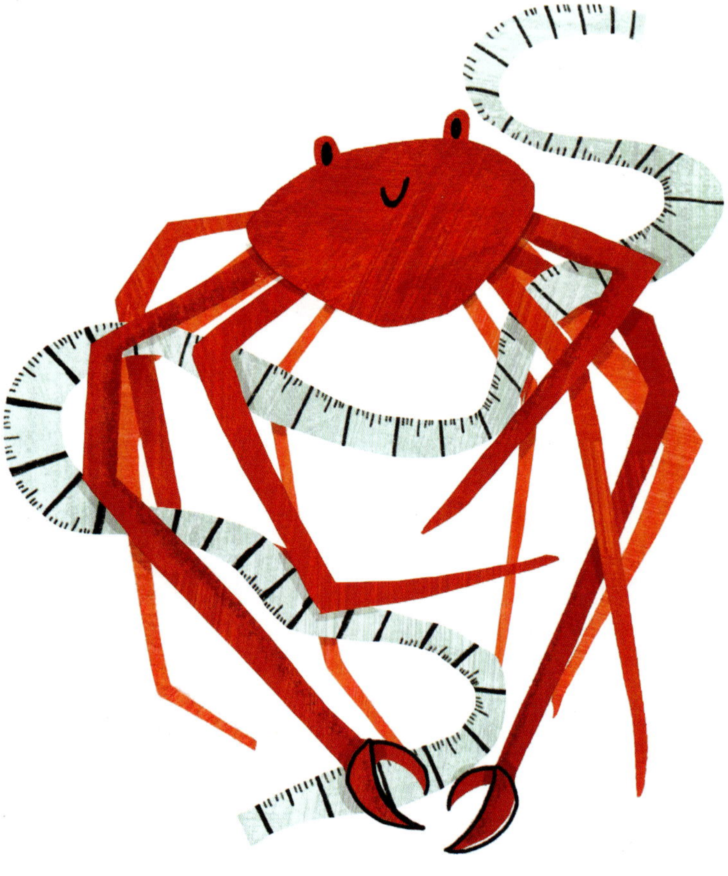

10

螃蟹能长多大？

陆地上最大的螃蟹是椰子蟹，它们的两个蟹螯之间的宽度可以达到 1 米。海洋中最大的螃蟹是日本蜘蛛蟹，它们的蟹螯之间的最大距离可以达到 5.5 米，几乎和一头成年长颈鹿的身高差不多。

11

为什么小野鸭学游泳的速度那么快?

小野鸭孵化后，只需要在巢里待 10 个小时，就可以跟着妈妈去上第一堂游泳课了。它们必须尽快学会游泳和飞翔，这样才能躲避那些总想吃掉它们的捕食者，并能靠自己捕食。

12

为什么划蝽在水面上不会沉呢?

划蝽是一种小昆虫，它们可以在水面灵活地划来划去，却不会沉下去。这是因为，它们又细又长的腿上长了成千上万根细毛。细毛上有小凹槽，可以储存空气，有点儿像小朋友学游泳时戴的充气臂圈，可以帮助它们轻松地浮在水面上。

13

板球起源于哪个国家?

（和牙买加板球评论员
迈克尔·霍尔丁一起回答）

板球起源于英国，在澳大利亚、新西兰、印度、巴基斯坦等国家都非常流行。板球世界杯是观众最多的赛事之一，仅次于奥运会、足球世界杯和橄榄球世界杯。板球是以投球、击球和接球为主的运动。参赛运动员分成两队，通常每队 11 人，一队进攻，另一队防守。

为什么从阿波罗 17 号以后，再也没有航天员去过月球？

在 1969 年到 1972 年之间，参与阿波罗计划的 12 名航天员曾先后在月球上漫步。1972 年，美国国家航空航天局（NASA）结束了阿波罗计划。尤金·塞尔南成为阿波罗计划中最后一位登陆月球的航天员。登陆月球的成本非常高。美国国家航空航天局认为，阿波罗计划已经取得了成功。因此，他们决定开展其他方面的探索。

你知道吗？

距离人类首次登上月球已经 50 多年了，美国国家航空航天局打算在最近几年重返月球。他们计划建造一个名为“深空门户”的绕月空间站，未来的航天员可以利用这个空间站探索更深远的太空。

15

谁是第一位登上月球的航天员？

1969 年，美国阿波罗 11 号成功帮助人类完成了第一次载人登月任务，航天员尼尔 · 奥尔登 · 阿姆斯特朗是第一位登上月球的航天员。当阿姆斯特朗缓慢地扶着梯子走下登月舱，最终站在月球表面时，他说出了那句著名的话：“这是一个人的一小步，却是人类的一大步。”

你知道吗？

迄今为止，人类一共有 6 次载人登月活动，都属于阿波罗计划。航天员登陆月球后会开展一系列的科考活动，比如采集月壤等。但是 6 次登月后，再也没有航天员登上过月球了。

16

身体和大脑是怎样相互传送信息的？

（和美国神经学家大卫·伊格尔曼一起回答）

我们背部的脊髓看起来像一条从大脑延伸下来的长长的尾巴。其实，那是一束神经，有好几百万根。大脑通过这些神经发送信息。一些神经从大脑向身体各处延伸，另一些则相反，这样，身体和大脑就可以相互发送信息了。比如，你想要移动手臂时，大脑会向手臂下达指令。如果你用指尖触碰东西，你的皮肤就会探测到震动、疼痛或温度等信息，然后将这些信息传回大脑。

17

为什么活动被压麻的胳膊或腿时，会感觉像被针扎一样刺痛？

如果你长时间压着身体的某个部位，比如胳膊或腿，就会压到那里的神经。这时，你的大脑无法从那些神经中获得信息，那些神经也会缺血，变得麻木。当压力解除时，神经会突然向大脑发送大量信息，血液也随之流回被压迫的部位。这时，你就会有刺痛感。这种感觉说明你的身体正在恢复活力。

18 人们为什么要装饰冷杉树？

在欧洲的冬季，数千年来，人们一直用冷杉树来庆祝节日。在16世纪的德国，大家用蜡烛装饰它们。后来，人们开始用姜饼、糖果、纸彩带和玻璃珠等物品做成装饰品挂在冷杉树上。历史上，英国一位国王与德国一位公主结婚后，这个传统传到了英国。那位公主非常喜欢冷杉树，所以在冬季庆祝节日的时候，她为孩子们举办了一个盛会，并像在家乡时那样装饰了一棵冷杉树。后来，这个传统就这样传播开了。

19 节日过后，怎么处理冷杉树？

许多冷杉树在节日过后会被回收或者用于其他用途。在德国柏林，销售商会把没卖出去的树送给动物园，给动物们当饲料。

你知道吗？

一头大象一顿能吃掉5棵冷杉树！

20 冬青树下层的叶子为什么那么尖？

冬青树下层的叶子特别尖，是因为动物可以吃到那里的叶子。而上层的叶子动物够不着，就不用那么尖了。科学家认为，冬青树之所以要把自己的叶子长成那样，并且分布得那么巧妙，就是为了保护自己，以免被动物吃掉。

21 真的没有两片相同的雪花吗？

这个想法是一位美国农场主提出来的，他名叫威尔逊·本特利，是第一个对雪花进行微距（非常近的距离）拍摄的人。这位雪花迷总共拍摄了 5 000 多片雪花，而且每片看起来都不一样。每升雪中大约有 100 万片雪花，而且，雪花已经在地球上断断续续飘了 20 多亿年，所以，很可能有一些雪花是非常相似的。但是，看到两片相同雪花的可能性太小了。

22

驯鹿的夜视能力那么好，是因为它们喜欢吃胡萝卜吗？

实际上，并不是胡萝卜帮助驯鹿在黑暗中看清东西的。驯鹿的眼睛里有一层名叫“反光膜”的组织，可以增强它们的夜视能力。驯鹿其实是不吃胡萝卜的。

23

烟花爆竹是谁发明的？

相传烟花爆竹是唐朝的一个叫李畋（tián）的道士发明的。据传唐朝初年灾害多，瘟疫流行，李畋用小竹筒装硝石，将其导引点燃，硝石产生大量硝烟，驱散了瘴气，减少了瘟疫的流行。烟花爆竹很快推广开来，它的使用场景也逐渐转变为重大节日、庆典时刻了。

24

世界上有超级英雄吗?

（由美国儿童图书作家尼尔·盖曼回答）

这个答案可能会让人有点儿失望：世界上没有超级英雄。超级英雄是人们幻想出来的，他们经常出现在文学作品或者动画电影里。他们通常拥有超越普通人的特殊能力，能做一些常人无法做到的、不同寻常的英勇行为。每当人们遭遇危险，他们都会挺身而出。他们会为了保护人类而与邪恶黑暗的势力做斗争。

小时候，我们都会梦想自己成为心中喜爱的一个或几个超级英雄。随着时间的推移，我们慢慢长大，有一天发现无所不能的超级英雄是不存在的，心中难免会有些失落。不过，等再长大一些，我们一定会知道，现实生活中有很多平凡的英雄在默默地保护着我们，为我们做着无私的奉献。这些平凡的英雄有英勇无畏的消防员，有奋不顾身的警察，有善良无私的医生……他们虽然没有超能力，却用自己的力量在帮助我们，保卫着我们的生命和财产安全。正因为这些平凡的英雄的存在，我们的生活才会过得安宁，世界才会变得更加美好。

25
谁制造了第一个降落伞？

第一个跳伞并成功落地的人是路易·塞巴斯蒂安·勒诺尔芒。起初，他做了个实验，举着两把伞从树上跳了下来。然后，在 1783 年 12 月，他制造了一个 4.3 米长的降落伞，从蒙彼利埃天文台的顶部跳下，几秒钟后安全落地。降落伞的法语名称就是勒诺尔芒命名的，是“安全防护”和“降落”这两个词的组合。在那之后，经过不断改进，降落伞变得更好用也更安全了。甚至，火星车在火星上降落都用到了降落伞。

你知道吗？

达·芬奇在 15 世纪率先画出了降落伞的设计图，但他的设计方案直到很多年后才被采用和测试。

26
为什么鸡蛋掉在地上就会裂开？

鸡蛋很轻。蛋壳可以保护里面的蛋清和蛋黄。蛋壳是由碳酸钙构成的，和珍珠的构成成分相同。当你不小心弄掉一枚鸡蛋时，它会以很快的速度下落。鸡蛋落地时，会对地面产生一个很大的冲击力。这个力太大了，蛋壳承受不住这么大的冲击力，所以就会裂开。

27

人类是怎么变得这么聪明的？

（和英国伦敦自然历史博物馆古人类学家
朱莉娅·戈尔韦-维瑟姆一起回答）

大约 300 万年前，人类的祖先学会了制造石器。后来更多的工具被制造出来，他们便成了出色的猎人，打猎时获得的食物也随之增多。充足的食物让他们的大脑发育越来越充分。更重要的是，人类大脑不同部分之间的连接方式也发生了变化。随着时间的推移，人类发明了各种技术，这意味着人类可以利用智力做更多的事情，比如利用计算机处理更多的信息，这比人类单纯使用大脑的效率更高。

28

世界上最大的画是哪幅？

据英国媒体报道，2011 年 2 月到 7 月，克罗地亚画家德祖洛·希洛格拉维克在两名助手的帮助下，在 13 000 平方米的画布上完成了世界上最大的油画《波浪》。它长 6 440 米，高 2.13 米，重 6 吨多，创造了吉尼斯世界纪录。然而，由于没有美术馆能够收藏和展出这么大幅的作品，希洛格拉维克不得不忍痛把它切割拍卖，并将所有收入捐赠给了儿童慈善机构。

29

为什么有些动物是冷血动物，有些是温血动物？

（和英国伦敦自然历史博物馆凯蒂·托马斯博士一起回答）

冷血动物，比如几乎所有的两栖动物、爬行动物、鱼类和昆虫等，自身不能产生热量。温血动物，比如哺乳动物和鸟类，自身能产生热量，并能控制自己的体温。提升体温需要消耗很多能量，所以，尽管温血动物可以生活在更冷的地方，但它们必须比冷血动物吃得更多，而在野外寻找食物并不容易。

你知道吗？

大多数鱼都是冷血鱼，但有一种鱼叫月鱼，它的体温比周围的水温高5℃，这是迄今为止人类发现的唯一一种真正的温血鱼。

30

爬行动物为什么那么胆小？

（和爱尔兰国家博物馆动物馆馆长保罗·维斯卡迪一起回答）

这有好几个原因。首先，它们很好吃，一不小心，就会变成其他动物的美餐。其次，啮齿动物也很胆小，但爬行动物可能比啮齿动物更胆小，因为它们是冷血动物，在准备好逃命之前，必须花更多时间热身。最后，哺乳动物和鸟类是与父母和兄弟姐妹一起长大的，因此它们习惯于群居生活，而爬行动物却不同，它们大多会孤独地度过一生。

31 为什么人们喜欢在新年前夜唱《友谊地久天长》？

世界上很多人喜欢在新年前夜唱《友谊地久天长》。它是一首非常古老的歌谣，没人知道作者是谁。1788 年，苏格兰诗人罗伯特·伯恩斯听到一位老人吟唱这首歌谣，并把它记了下来。

后来，这首歌成为苏格兰新年前夜人们传唱的传统歌曲。苏格兰人移居到其他国家的同时，也把这首歌带了过去。

1929 年新年前夜，加拿大歌手盖伊·隆巴尔多在纽约市一家大酒店里演唱了这首歌。从此，它成了一首世界流行的新年前夜歌曲。大家都非常喜欢这首歌。连续 30 年，隆巴尔多每个新年前夜都在这家大酒店演唱这首歌曲。

你知道吗？

人们并不是只在新年前夜唱这首歌，在不同的文化中，人们出于不同的原因会在不同的时间使用它的旋律。在日本，商场打烊时会播放这首曲子，大家一听就知道该离开了。在马尔代夫，这首曲子曾是国歌。

致 谢

下列专家、艺术家、作家帮助我回答了本书中的一些问题，在此特别感谢他们。

杰斯·埃文斯
英国园艺专家

卡伦·莱顿
英国某自然公益团体创始人

尼克·罗斯
意大利学者

保罗·巴瑞特 教授
英国伦敦自然历史博物馆
古生物学家

詹姆斯·麦克莱恩
英国伦敦自然历史博物馆
高级策展人

爱丽丝·丹瑟 博士
英国伦敦皇家兽医学院

道格·米勒德
英国伦敦科学博物馆副馆长

罗伯托·波特拉·米格斯
英国伦敦自然历史博物馆
高级策展人

艾伦·卡农
美国加州大学洞穴研究专家

贾斯廷·波拉德
英国历史学家

“鳄鱼乔”
英国爬行动物爱好者

大卫·巴顿 博士
英国伦敦自然历史博物馆
古生物学家

西蒙·洛德 博士
英国伦敦自然历史博物馆
脊椎动物馆馆长

艾米·戴维
英国科技馆研究员

克洛弗·斯特劳德
英国作家、记者

李·戴维斯
英国伦敦邱园真菌馆馆长

乔·格罗塞尔
南非鸟类学家

苏西·海德
英国高级动物管理员

罗布·瑞安
英国视觉艺术家

奥利弗·杰弗斯
爱尔兰艺术家

吉姆·阿勒·哈利利 教授
英国理论物理学家

大卫·伊格尔曼
美国神经学家

迈克尔·霍尔丁
牙买加板球评论员

尼尔·盖曼
美国儿童图书作家

朱莉娅·戈尔韦－维瑟姆
英国伦敦自然历史博物馆
古人类学家

凯蒂·托马斯 博士
英国伦敦自然历史博物馆

保罗·维斯卡迪
爱尔兰国家博物馆动物馆馆长